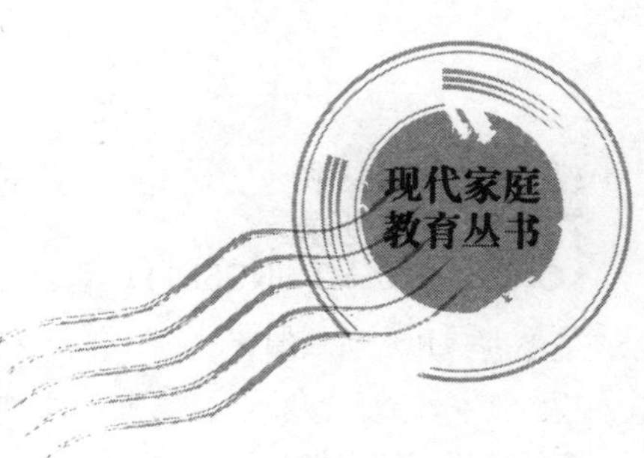

孔子家教警世录

王先进 开通 编著

广西科学技术出版社

图书在版编目（CIP）数据

孔子家教警世录 / 王先进，开通编著．—南宁：广西科学技术出版社，2012.8（2020.6 重印）
（现代家庭教育丛书）
ISBN 978-7-80565-610-6

Ⅰ．①孔… Ⅱ．①王…②开… Ⅲ．①孔丘教育思想—家庭教育 Ⅳ．① G78

中国版本图书馆 CIP 数据核字（2012）第 192906 号

现代家庭教育丛书
孔子家教警世录
KONGZI JIAJIAO JINGSHI LU
王先进　开　通　编著

责任编辑　何杏华　　封面设计　叁壹明道
责任校对　陈业槐　　责任印制　韦文印

出 版 人　卢培钊
出版发行　广西科学技术出版社
（南宁市东葛路 66 号　邮政编码 530023）
印　　刷　永清县晔盛亚胶印有限公司
（永清县工业区大良村西部　邮政编码 065600）
开　　本　700mm × 950mm　1/16
印　　张　9
字　　数　116 千字
版次印次　2020 年 6 月第 1 版第 6 次
书　　号　ISBN 978-7-80565-610-6
定　　价　18.00 元

前　言

王先进　开　通

中华文化是最古老文明的文化之一，也是最切近人间世俗的家庭文化。她塑造了中华民族的灵魂，陶冶了中华民族的情操，培育了中华民族的成长。注重教育是中华文化的一大特征，注重伦理道德的教育又是中国教育的一大特征，而伦理道德观念的形成最先也最深受到家庭环境和家庭教育的影响。所以，我国古代有许多著名的教育家和贤明之士都非常重视家庭教育，也流传下来许多关于家庭教育的理论方法和经验总结。

儒家学派创始人孔子，是中国古代伟大的思想家和教育家。孔子的学说对我国思想界和教育界有着深远的影响，后人盛誉“德侔天地”、“道冠古今”。孟子评论说，孔子达到了集先贤之大成的至高境界。孔子有着较为完整的教育思想，其中包含着许多家庭教育的成分。孔子一生最突出的成就就在于设教讲学，在他的弟子中不乏成才之人。受孔子思想的影响，中华历史上大儒成才者不计其数。

那么，孔子的思想主张与今天之社会要求是否相通，是否适用于现代教育？

任何社会的上层建筑都是经济基础的反应。经济发展了，社会道德标准也会发生相应的变化。但是，组成社会的是人，人的基本特性是不变的，人与人相处必定有着基本的原则和共同的标准，这样，社会才能安定，才能促进经济的发展。一方面，人们享受着安定和谐的生活，另一方面，推动社会的不断进步，由野蛮走向文明，由低级文明进入高级文明。这是历史发展的规律。因此，孔子时代的思想意识、道德标准、价值观念必然包含着仍然符合现代文明之要求的最基本成分。

例如，孔子要求从政者“为政以德”，“敬事而信，节用而爱人，使民以时。”

孔子还认为，身居高位的教育别人、管理别人的人要以身作则，“其身正，不令而行；其身不正，虽令不从。”

孔子还主张人与人相处要以“己所不欲，匆施于人”，“己欲立而立人，己欲达而达人”为原则，要设身处地为他人着想，不能因为自己的权利而侵害他人的权利。

孔子的“仁者爱人”、“克己复礼”、孝敬父母、恭谨处事的思想主张，与今天之文明要求都是相通的。

孔子设教讲学，总结出了许多治学经验，仍然适用于今天的教育。

孔子非常重视德育教育，注重让弟子们学习做人的道理，期望培养出品行高尚的弟子。孔子的讲学内容主要包括礼、乐、射、御、书、数等。其中，礼，是指为人处世的行为规范、个人修养和社会公共道德。通过学礼，培养弟子的社会道德观念，成为克己循礼、恭谨诚实、有益于社会的人。

乐，是指音乐；书，是指典籍，其中包括《诗经》。孔子非常重视诗和乐的学习，以此陶冶人的情操，丰富人的感情。人的感情丰富了，才会有爱人之心，才能孝敬父母，热爱生活，才能成为仁人。

孔子是一个伟大的教育家，他的思想影响了几千年的中华民族文化。面对目前我国社会“独生子女”的国情，我们深感教育之步履维艰。现在，学校教育、社会教育和家庭教育三者之间难以统一，甚至相悖，矛盾越来越突出，德育教育工作尤其难做。怎么办？在挖掘孔子的家庭教育思想的过程中，我们越发感到孔子家教思想的警世作用。因此，我们把孔子的家教思想介绍给读者，相信广大家长、教育工作者将会从孔子的家教思想中受到启迪。这正是我们编写本书的目的。我们认为，教育应该而且必须由全民所共行。教育后代，不只是知识分子的专利，也不单是学校的任务，而是全社会的每一个家庭、每一个人的职责，并且也直接影响着每一个家庭、每一个人的利益。家庭是社会的细胞，家庭教育是学校教育和社会教育的基础。我们希望教育能进入到大众的家庭生活里去，也希望每一个家庭都能参与到教育事业中来。通过家庭，教育后代健康地成长。

那么，家庭教育的重点是什么？父母应该怎样教育子女做人？读一读这本书吧，相信它将有助于我们的事业。

家庭教育的双方正是父母和子女，这是一对矛盾。日常生活中，父母和子女，也总是相处在一起的。所以，我们在本书的写作过程中，注意从父母和子女的双重角度出发，辨事论理，互相交流，或批评，或建议，或忠告，或提醒，力求切近实际生活气氛，使读者不自觉地进入角色，以加强本书的启发性和感染力。

对于孔子言论的选取，我们是本着适用、典型的原则进行的，全部作了译文，并且对个别疑难字句另外作了注释。还选编了孔子及其弟子们的一些故事，增强了本书的知识性和趣味性。全书共分为三个部分：

一、孔子论学诗。旨在启发家长注意丰富孩子的感情世界，培养一颗爱心。

二、孔子论仁礼。旨在启发家长重视培养孩子的社会道德观念，使孩子成长为有修养、守法纪的人。

三、孔子论学习。旨在帮助孩子们树立正确的学习观念，提高智力，成长为对社会有用的人才。

可见，本书是从更深层次探讨家庭教育问题的。它不只停留在问题的表面现象，简单地列举孩子的不良行为，建议怎样对待，提供纠正

“秘方”，而是力求从本质上解决问题。问题的本质在于，如何丰富孩子的感情世界，培养爱人之心，培养道德观念，加强品行修养。这样，才会防止不良行为。就好像一个人如何保证健康，关键在于提高身体素质，增强抗病能力，而病后求医开药只是补救措施，不得已而为之。

本书篇幅不大，内容却较丰富，且具一定的思想性。相信读者可以花费少量的时间和精力，而从中有所反省，有所感悟，有所收获。

目 录

第一篇　不学诗，无以言

——孔子论学诗

孔子是非常讲究说话的。人，生活在人群中，首先要讲话，这是生活的第一要求。说什么话？我们认为有两方面的要求。一方面，说话的内容要真实。所谓真实，即有感而发。说话是为了表达思想感情的，人要有感情，有所思，有所想，才能有感而发，抒发自己的感情，表达自己的思想。否则，就无话可说，或者只有说废话、谎话。怎样才能丰富人的感情世界，完善人的思想意识？孔子认为要学诗。另一方面，语言的形式要优美，即语言表达能力要强。说话是为了表达思想感情的，那么就要求表达得准确清楚，辞以达意。怎样才能达到这种要求呢？孔子认为要学诗。

学会说话，是一个人成长与成才的首要条件。所以，孔子非常重视学诗。学诗是孔子教学的一个重要内容。

《论语·季氏篇》载：

> 陈亢问于伯鱼曰："子亦有异闻乎？"对曰："未也，尝独立，鲤趋而过庭，曰：'学诗乎？'对曰：'未也。''不学诗，无以言。'鲤退而学诗。他日又独立，鲤趋而过庭，曰：'学礼乎？'对曰：'未也。''不学礼，无以立。'鲤退而学礼。闻斯二者。"陈亢退而喜曰："问一得三，闻诗闻礼，又闻君子之远其子也。"

陈亢是孔子的弟子，伯鱼是孔子的儿子孔鲤，字伯鱼。陈亢问伯鱼说："你是不是从老师那里得到什么特别的教训？"伯鱼答道："没有。曾有一次，他独自站着，我快步走过院中时，他问我，'学诗了吗？'我回答说，'没有'。他又说，'不学诗，就没法把话说好。'我退下后就学诗了。又有一天，他也是独自站着，我快步走过院中时，他问，'学礼了没有?’我回答说，‘没有。’他说，‘不学礼，就没法立身处世。’我退下后就学礼。我只得了这两个教训。”陈亢就走开了，一边走，一边高兴地自言自语道：“我问一件事却得了三种道理。我懂得了诗的重要，也懂得了礼的重要，还懂得了一个君子即使对自己的儿子也一样对待，没有私心。”

这段陈亢与孔鲤的对话，可以说明三个问题：一、孔子非常重视学诗；二、孔子非常重视学礼；三、孔子教儿子与教学生是同样对待的。

孔子所说的诗即《诗经》。《诗经》是孔子从亲自收集的三千多首民间诗歌中筛选编纂而成的，共三百零五篇。孔子认为《诗经》是一部思想性和知识性很强的著述，学习《诗经》有许多好处。

> 子曰：“小子，何莫学夫诗！诗可以兴；可以观；可以群；可以怨；迩之事父，远之事君；多识于鸟兽草木之名。”（《论语·阳货篇》）

孔子说：“年轻人，为什么不好好学诗！诗，可以使你兴奋，使你奋发向上；诗，可以改编成戏曲加以表演，以展现历史的盛衰，社会的进步，使你得到历史经验教训；诗，可以教你如何与人相处，增进友谊，助于事业成功；诗，还可以教你学会如何控制情绪，发泄怨气，而不伤害他人。远处讲，可以教你学会如何服侍国君，近处讲，可以教你服侍父母。另外，通过学诗，还可以多知道一些鸟兽草木的名字。”

可见，从诗中可以学到许多知识，许多道理，有利于个人的成长和成才。特别是教人学会与人相处，学会认识社会。

> 子曰：“诗三百，一言以蔽之，曰：‘思无邪’！”（《论语·为政篇》）

孔子说：“《诗经》三百首，用一句话可以概括，那就是‘思无邪’！”

“思无邪”的意思是指人正直，心里没有邪念。

子曰："诵诗三百，授之以政，不达；使于四方，不能专对。虽多亦奚以为！"（《论语·子路篇》）

孔子说："念完了三百篇诗，把政事交给他，却做不下去；派他到国外交涉事情，也不能单独应付好。这样，学得虽然很多，可又有什么用处呢？"

从孔子的这些谈话中，我们可以感觉到他对诗教的重视。《诗经》不仅是一般的文学作品，通过读诗，可以提高语言水平，而且还可以从中了解许多历史知识。在孔子的心目中，诗还是学习伦理道德、认识社会政治的教科书。从下面的章节中，我们还将更深刻地体会到这一点。另外，孔子重视诗教，还有更重要的原因，是对国家政治人才的培养。在古代，《诗经》可以说是一本百科全书，它包含了丰富的知识，还有许多经典故事，有着深刻的喻意。而诗的一些语言现象，有着助长气势的作用，很适合政治活动和外交场合运用。《左传》上记载了许多国与国之间的政治和军事活动的内容，记述了双方的谈话，描述了一些复杂情景。就像今天的外交场合和外交辞令一样，朦胧暧昧，模棱两可，难以捉摸。这种情形中，诗的语言是最适用的。所以，孔子对儿子说："不学诗，无以言！"因为，当对方赋诗喻意时，连对方的心思都摸不透，怎么能回答呢？从这里，我们可以明白孔子告诫儿子和弟子们学诗的道理了。

一、诗可以兴

——丰富感情，培养爱心

诗，可以使人兴奋，让人感情冲动，情绪激昂。相反地，也可以令人消沉，忧郁。这些感情变化，都有益于丰富人的情感世界。人类自从有了语言，就会利用诗这种形式来表达自己的内心世界；革命者会用诗来召唤人民、组织人民；特别是在封建社会，统治者往往用诗来表达意志，命令自己的子子孙孙如何统治人民，永保世袭王位。

《诗经·商颂·玄鸟篇》记述了汤武王为了统一中国，以上帝受命于他的面貌出现，同时为了鼓舞他的子孙后代永远继承这一理想，并用诗的形式记载了下来。诗云：

“天命玄鸟①，降而生商，宅殷土芒芒②。”

又云：

“古帝命武汤③，正④域彼四方。”

还云：

① 玄鸟：一种凶猛的飞禽。
② 芒芒：即“茫茫”，形容一望无际。
③ 武汤：商朝开国祖先。
④ 正：同“征”。

“方命厥后[①]，奄有九有[②]。”

这些诗句意思是：上天降下了一只大鸟，生下殷朝的祖先，要他在广阔的草原上建立国家。上帝命令汤武王，征伐四方诸侯，统一中国，建立王朝。通过这些诗，汤武王的子孙便可了解他们祖先的历史，更可从祖先的抱负中受到激励、奋发向上，完成祖先的遗志。

孔子曾对《诗经》的首篇《关雎》作过具体的评论，《论语·八佾篇》记载：

子曰：“关雎，乐而不淫[③]，哀而不伤。”

孔子说：“《关雎》的乐曲，令人欢乐而不至于太疯狂，令人悲哀而不至于太伤身体。”说明这些诗对激发人的感情是适度的。

诗，是一种特殊的语言形式，也是一种最美妙的语言。借助诗，可以抒发感情，控制情绪，陶冶情操，培养人的高尚品质。常有人慨叹，人与人之间感情冷漠，有些父母更是怨恨儿女无情无义。怎样才能培养人们更多一些爱心？怎样教育子女爱父母，爱他人，爱社会？最关键的问题，还是丰富人的感情，以更多的真情充实人的情感世界。诗教，即是一种有效的途径。教子女读一些诗，写一些诗，既能够加强情感修养，也是一种语言练习，对子女成才大有益处。

例如，小歌手苏庆，9岁就能即席赋诗，出口成歌，对答如流，主要就是因为他的父母亲从小就教他识字诵诗，还经常编写一些切合儿童生活实际的小儿歌或顺口溜教他读。这种积极的教育，促成了孩子的早日成才。并且，在苏庆身上可以看出，他拥有感情丰富的优点，待人热情，真诚。这些，都是需要我们对孩子进行培养的。

诗教，也是一种美育。通过诗的美，激发对美的追求，塑造美的心

---

① 后：即君。

② 九有：九指多；有：通“域”。

③ 淫：太极端、太过分的意思。

灵，才有美的行为。美育与德育是密切联系在一起的。

中国古代文学，留下了许多优美的诗篇，不仅具有欣赏价值，更具有教育意义。

“慈母手中线，游子身上衣。
临行密密缝，意恐迟迟归。
谁言寸草心，报得三春晖？”[①]

读了这首诗，怎会不为母亲“爱子心无尽”[②]而感动呢？怎能不激发报答母亲养育之恩的挚情呢？

又如，读过郑板桥（清朝诗人和画家）的《竹石》[③]诗的人，都会为生长在石缝里的竹子的顽强精神所鼓舞，不屈不挠，奋发向上。

再如，描写大自然美丽风光的诗，可以激发人对美好生活的热爱，激发对伟大祖国的热爱。一些描写劳动人民勤劳节俭的诗，也是一种热爱劳动、艰苦朴素的教育。

现在，许多独生子女就像“小皇帝”一样，甚至长到十几岁了，自己的生活还不能自理。关键问题在哪里？在于没有劳动观念，或者说，父母亲没有从小培养他们的劳动习惯。没有良好的观念，怎么会有良好的行为呢？所以，只有“衣来伸手、饭来张口”了。

也有许多父母，没有对孩子进行勤俭节约的教育，对孩子的浪费行为听之任之，使孩子形成了随便损坏东西、丢弃东西的坏习惯。许多小孩都会背诵“谁知盘中餐，粒粒皆辛苦”的诗句，吃饭的时候，当孩子丢饭、剩饭时，引导他想一想这首诗的意思，有助于他逐渐地改掉坏习惯。

还有许多父母，没有对子女进行正确的美育教育，却过早地灌输了

---

① 唐朝诗人孟郊的诗《游子吟》。

② 清朝诗人蒋士铨的诗《岁暮到家》中的首句。

③ 《竹石》全文：咬定青山不放松，立根原在破岩中。千磨万击还坚劲，任尔东西南北风。

“美”的意识，2 岁的小女孩就学会了涂口红，哭闹着穿新衣服，这是不正常的。朴素，也是一种美。虽然生活水平提高了，可是不能过于奢侈，甚至走向堕落。

《论语·宪问篇》载：

子曰：“贫而无怨难，富而无骄易。”

孔子说：“一个人贫穷而不埋怨，难啊；一个人富贵了而不骄奢，还容易。”

子曰：“衣[①]敝[②]缊袍与衣狐貉者立，而不耻者，其由[③]也与。”（《论语·子罕篇》）

孔子说：“穿着破旧的袍子和穿了皮袍的人站在一起，而不觉得难为情的，大概只有仲由吧。”

我们知道，孔子少年时代生活贫困，然而，他却不怨不愁，矢志读书。孔子的弟子中也多是贫困者，他们却不求奢华而求学，许多人成了精通事理的人才。

可是，在我们的现代社会中，却有些人因为富裕了而犯罪了，也有些人因为不能忍受贫穷，或者在富贵者面前觉得难为情，而把自己毁了。上海某区检察院的书记员王某，面对妻妹的未婚夫——一位阔绰的外国人感到自惭形秽，囊中羞涩，结果走上了盗窃院库钱物 35 万元的犯罪道路。

还有一位青工颜某某，盲目追求时髦，社会上流行什么，他就想买什么，结果弄得债台高筑，最后走上了行凶抢劫的犯罪道路。

中国近代革命的先烈们，也留下了许多壮怀激烈的不朽诗篇。

① 衣：动词，穿的意思。

② 敝：破旧。

③ 由：仲由，孔子的弟子之一。

“万里乘风去复来，只身东海挟春雷。忍看图画移颜色？肯使江山付劫灰？浊酒不销忧国泪，救时应仗出群才。拼将十万头颅血，须把乾坤力挽回。”①

先烈们的诗，是先烈们心灵的写照。这些诗，体现了先烈们高尚的情操和坚强的意志，表明了中国革命的艰难和新中国的来之不易。读这些诗，自然而然地就会受到一种革命英雄主义和献身精神的熏陶，受到一种爱国主义的教育。

常听到老人们埋怨年轻人“忘本”，也确实有些年轻人不珍惜我们今天的生活。可见，爱国主义教育是不可没有的，要让孩子们知道他们今天的幸福是先烈们付出了什么代价才换来的。

有许多家教方面的书刊，介绍应该怎样对待子女的一些不良行为。为什么会有不良行为呢？有许多行为都是因为缺乏情感、缺少爱心导致的。所以，最本质的问题在于，如何培养孩子的感情，丰富情感世界，加强品质修养。而怎样对待已经产生的不良行为是次要的。人的行为并不是丝毫不差的，尤其是青少年还没有形成一定的行为准则，对待一件具体的事情，不同的人有不同的行为尺度，谁对谁错？关键要看这种行为是否是善心、真情、美德的体现。而诗，是进行真善美教育的很好的素材。

诗同其他文学作品形式相比，或者更富于生活气息，或者感情色彩更浓，更易于带给人精神上的享受。细细地品味一首诗，是一件极大的乐事。通过读诗，感诗，解诗，可以激发人多思和随想，得到诗的灵感、诗的情愫，达到陶冶情操之目的。

或许有人会说，大自然是最美丽的诗篇，进入大自然，当欣赏到一种景色时，自然会引发一种情感，这种“情感”是因“景色”而产

① 秋瑾是同盟会的健将，是旧民主主义革命的战士，是中国妇女解放运动的先行者。见《百年心声》97 页。

生的一种内心感受，即触景生情，情景交融，即把人带入一种荡人心魄的美妙境界。所以，经常带孩子走进大自然，认识大自然，也是很有益的。

比如登山，不仅可以登高望远，开阔眼界，还可以树立信心，丰富想像。尤其是春天，万物复苏，生机盎然。看着花草树木吐芽冒绿，犹如万物无忧无虑地享受着春风的轻抚一样，自己也享受着父母兄妹的关心，享受着人间的温暖，感情溢满心怀，人与人之间的爱像阳光一样滋润着人们的心灵。

开始爬山，需要信心；遇到险境，需要勇气，还需要有毅力，才能达到山之颠。人也一样，立志修身养性，也会达到人生的至高境界。当你俯视山下，各种景致尽收眼底，心里会多么充实，多么自豪。

假若在丛林中见到一窝蜜蜂，一个和谐美妙的小家庭，也会产生一种对美好生活的向往。蜜蜂辛勤劳动，无私奉献，也会激起一种醒悟。

假若在山脚下见到一溪小泉，流进远处的田野草地，滋润着万物的生长，也会令人联想到母亲的乳汁养育儿女长大成人。

孔子经常带领弟子野游。

有一次，孔子和弟子一起春游。春暖花开的季节，春意盎然的景色，极易拨动人们的心弦。出城门来到泗河岸边。望着滔滔流水，听着鸟语蛙鸣，心情异常兴奋。地上花香阵阵，天上浮云悠悠，阳光灿烂，空气新鲜，令人通想。孔子站在河堤上，凝视着河水。

一个弟子问孔子："老师，此时此境，你在想什么呢?"

孔子想得很多。他对弟子说："这水好比人，有许多基本的特性。你想，水涨可以吞没河中的小洲，这是任何力量都遏止不了的，就像有修养的人的美德，似乎无所作为，却可以战胜邪恶。河水不管多么汹涌，总是下流，就像人的不懈的追求。它从崇山峻岭中出发，流经千难万险，却永远前进，就像人的勇敢精神。它不管流到哪里，永远保持清白洁净，还可以洗涤污垢，就像一个情操高尚的人的心灵。所以有道德修养的人，特别爱观察大河。

弟子们得到很大的启发。

大自然也是一个好老师，它可以教会我们许多做人的道理。

二、诗可以观

——认识社会，辨明事理

《诗经》所载的诗，在当时都是可以唱或者可以演奏的，有许多讲述故事的诗，还可以改编成戏曲演出。通过歌舞的形式，可以展现历史风情，故事人物，使人受教育，明事理，长见识。所以说，诗可以观。

就像现在的电影、电视等文化艺术作品一样，诗也是用来描绘社会历史发展和社会生活的，富于哲理，具有一定的教育意义。通过揭露丑恶，张扬美好，教人改邪归正，弃恶从善，使社会更进步，生活更美好。

如《诗经·卫风·氓》，写一女子由恋爱到结婚，兢兢业业操持家务，照顾丈夫，却为薄情郎所弃。该女日日夜夜祈望丈夫回心转意，重归于好。她丈夫不理，她也只是含辛茹苦，不出怨言。如此贤德之妻，真是可敬可佩。是古代女性的榜样。

诗中第一章云：

“氓之蚩蚩[①]，抱布贸丝[②]。匪来贸丝，来即我谋。送子涉

① 蚩蚩：音 chǐ，敦厚，无知。

② 抱布贸丝：古人以物易物，物物交换之意。

淇[①]，至于顿丘[②]。匪我愆期，子无良媒。将子无怒，秋以为期。”

“农人笑嗤嗤，拿布来换丝，不是来买丝，是来筹谋我，送你渡淇水，一直到顿丘。不是我失约，是你没良媒。请你莫生气，秋来以为期。”

这章是说：女子初恋， 并订婚期。“氓”代表男子，是说一男子拿着礼物去订亲，而不是去做买卖的，并约定明年秋天订婚期。

第二章云：

“乘彼垝垣，以望复关[③]。不见复关，泣涕涟涟。既见复关，载笑载言。尔卜尔筮，体[④]无咎言？以尔车来，以我贿迁。”

“登上那破墙，去眺望复关。盼不到复关，涕泪滚涟涟。一见着复关，便有笑有言。你卜你占卦，幸无凶咎言。拿你车子来，拿我财物迁。”

这章是说：该女子登上破墙去望往来的车子，不见到心上人而泪流满面，当看到心上人时便有说有笑。你按时来接我，没有违背诺言，请拿车子来，我携财物往嫁。

第三章云：

“桑之未落，其叶沃若。于嗟鸠兮，无食桑葚。于嗟女兮，无与士耽！士之耽兮，犹可说也。女之耽兮，不可说也。”

“桑叶未落时，枝头柔沃沃。唉唉斑鸠啊，不要吃桑葚。唉唉女人

---

① 淇：淇水，与顿丘，皆为卫未渡河故都之地。

② 丘：顿丘，与淇水，皆为卫未渡河故都之地。

③ 复关：一说指地名；一说指人名；一说复指返，关指车——是女子所期望的人乘坐的车。

④ 体：幸也。

啊，莫和男子混！男子胡混啊，还可解说呀。女人胡混啊，不可解脱呀。”

这章是说：该女子触景生情，后悔自己爱了这一男子。

第四章云：

“桑之落矣，其黄而陨。自我徂尔，三岁食贫。淇水汤汤，渐车帷裳。女也不爽，士贰其行。士也罔极[①]，二三其德！”

“桑叶的落呀，是因黄而落。从我往嫁你，多年吃苦过。淇水满荡荡，溅到车帷裳。女子呀不错，男子变花样。男子呀没准，两意三心肠！”

这章是说：桑叶黄了就落，自从我嫁给你后，生活虽困苦，但还是辛苦地操持家务，而你已变心，对我不好。

第五章云：

“三岁为妇，靡室劳矣。夙兴夜寐，靡有朝矣。言既逐矣，至于暴矣。兄弟不知，咥其笑矣。静言思之，躬自悼矣。”

“多年做你妇，不怕家务劳。早起又晚睡，并不是一朝。跟你就算了，你倒凶暴呀。兄弟不知情，张口大笑呀。静想这件事，顾影自怜呀！”

这章是说：已做妇人三年，不怕家务劳累，每天起早贪黑地干，自己也就认了，但你对我却凶狠残暴，并抛弃我，让我回娘家，而自己的兄弟又不知情地笑话我，不原谅我，想到这，不免伤心落泪。

第六章云：

“及尔偕老！老使我怨？淇则有岸，隰（xí）则有泮！总角之宴，言笑晏晏。信誓旦旦，不思其反。反是不思，亦已焉哉。”

---

① 罔极：没有定准，变化无常。

"愿和你偕老！到老使我怨？淇水还有岸，沼泽还有边！结发的欢乐，谈笑安安然。誓约明明在，不料他反悔。反悔不想它，也就罢休啦！"

这章是说：该妇人自己很伤感，料想不到会有如此婚变。想想淇水还有岸，沼泽也还有边，而自己的怨恨则无穷期也。回想恋爱时的海誓山盟，结婚时的喜悦犹还存在，但丈夫却骗了我。不去想它了，真是太没意思。

像以上这样的内容，编成戏曲，就可以警戒世人，反醒自我，改邪归正。

记得一位哲人说过，读史使人明智，读诗使人灵秀。教育子女读一些史诗，培养些诗兴，可以使他们增长一些历史知识，提高对社会历史发展的认识，增强适应社会的能力。还可以借古喻今，明辨事理，使人变得更明智，更慎重，以免在人生旅途上误入歧途。

三、诗可以群

——珍惜友谊，学会为人

读诗，可以教会我们如何与人相处，处理好人与人之间的关系。社会生活中充满了矛盾，诗正是反映这些矛盾的。诗同其他文学形式一样，人与人之间的关系是它的主要素材。人与人之间的感情交流，友谊培养，利害冲突，矛盾斗争，千姿百态，各有因果，通过认识这些关系，可以找出一些人与人相处的规律，以前人为师，以前事为戒，避免重犯同样的错误。

人与人之间的关系是复杂多变的。夫妻关系，父子关系，朋友关系，同志关系，领导与被领导的关系，服务与被服务的关系，等等，直接构成了我们的生活。

《诗经・小雅・鹿鸣》是描写周公宴请臣民的诗。诗中第一章云：

“呦呦①鹿鸣，食野之苹②。我有嘉宾，鼓瑟吹笙，吹笙鼓簧③，承筐是将，人之好我，示我周行④。”

这章是说：一只鹿得了一片青草，它必呦呦地鸣叫，唤群鹿都来

---

① 呦呦：鹿鸣声。

② 苹：草名。

③ 瑟、笙、簧：均乐器名。

④ 周行：周朝的大道，此指周朝的法律制度。

吃。我有高贵的宾客，鼓着瑟，吹着笙，筐里带着水果，到我这里来，对我表示友好。我顺便告诉大家国家的法律和政策，请大家执行。

第二章云：

“呦呦鹿鸣，食野之蒿[①]。我有嘉宾，德音孔昭[②]。视[③]民不墅[④]，君子是则是效。我有旨酒，嘉宾式[⑤]燕[⑥]以敖[⑦]。”

这章是说：鹿吃青草，呦呦地叫着，我有高贵的宾客，他的名声传遍乡里，他给人民以忠厚的感觉，人民以他为典型来仿效。我有好酒好菜，大家随便吃喝。

第三章云：

“呦呦鹿鸣，食野之芩[⑧]。我有嘉宾，鼓瑟[⑨]鼓琴，鼓瑟鼓琴，和乐且湛[⑩]。我有旨酒，以宴乐嘉宾之心。”

这章是说：一只鹿在吃一片芩菜。我有高贵的宾客，弹着瑟，鼓着琴，和乐之情是这样浓。我有美酒，以宴乐我嘉宾之心。

这三章诗，说明了周公与臣民交往，沟通感情，深得民心，才达到了他灭殷纣王，诛武庚，统一周朝东方领土的目的。这说明了君应该以什么样的态度对待自己的臣民。

从诗中，我们可以得到许多有益的启发和教诲。人生离不开友谊，每个人都有自己的朋友，与朋友的关系应该怎样相处。

---

① 蒿：草名。
② 孔昭：大而明。
③ 视：同“示”。
④ 墅：意思是指轻薄。
⑤ 式：语气词。
⑥ 燕：宴饮。
⑦ 敖：邀游。
⑧ 芩：音 qín，植物名，茎叶均可食。
⑨ 琴、瑟：均带有丝弦的乐器名。
⑩ 湛：乐之久，指深深沉浸在欢乐中。

父母亲是希望自己的孩子有一定的社交能力的，也希望孩子在自己所处的环境中得人心，受欢迎，更希望孩子有一些相知有益的朋友，这样有利于孩子心理健康。可同时又担心孩子不会处理与他人的关系，或者结交了不好的朋友而上当受骗，甚至走向犯罪。这种担心是必要的，而正确的教育更是必要的。

《论语·季氏篇》载：

子曰："益者三友；损者三友。友直、友谅、友多闻，益矣！友便辟、友善柔、友便佞，损矣！"

孔子说："有三种朋友是有益的，有三种朋友是有害的。朋友正直，朋友诚实可信，朋友见多识广，就是有益的！朋友虚伪，朋友当面恭维人背后毁谤人，朋友夸夸其谈，便是有害的人。"

所以，在与人交往的过程中，一定要有选择地交往，经过了解、观察，认识了一个人的本质，是正人君子才可以交。千万不能被那些花言巧语的人所迷惑。所以，交友也一定要慎重，不可轻率，不可过分急切。如果过急，往往会失误，或者造成朋友对你的误解。感情是一步一步慢慢地培养的，一时的激情冲动是得不到真正的友谊的。

朋友之间应该推心置腹，当以同怀视之。如果朋友有了错误，就应该向他指出，劝他改正。如果朋友一时接受不了，也不要过于急切，以免伤了朋友的自尊心，而影响了友情的发展。应该耐心细致加以解释和引导，待朋友自己醒悟了，再改正之。

从这个意义上讲，朋友之间是应该保持一定距离的。如果厮守一处，浑然一体，彼此一致，也就失去了朋友的意义。因为，不站在另一个人的角度上观察朋友，便不能发现缺点，也就发现不了自己的缺点，就不能互相促进。从这个意义上讲，任何亲密的关系都应该保持一定的距离才好，给双方留下一个进退的余地。

即使夫妻之间也应该有一个界限。我们不是讲要相互尊重吗？有一些年轻夫妻可能就是因为两人之间没有保持距离，所以才会有"好得要

命”和“打得要死”的双重生活。

夫妻之间，朋友之间也都应该谨慎相处，以礼相待，不要因一时冒失，而伤害了双方的感情，损害了彼此的友谊。

人，是有感情的，人的生活离不开友情。可是，要得到真正的友谊不是很容易的。对对方要热情，要忠诚，当对方有了错误时要坚持原则，当对方悔过后，更要给予理解和鼓舞。

四、诗可以怨

——控制情绪，完善自我

一个人总免不了有烦恼苦闷的时候，有争强受气的时候，怎样控制自己的情绪，消遣这种不良影响呢？一般说来，怨恨他人是不可取的，别人也是不接受的。可是若想既能发泄怨恨，又不至于伤害他人，只有采用诗这种方式了。把你的感受写进诗里去，用诗的语言与自己对话，为自己解脱。随时忧乐以诗鸣。

《诗经·邶风·谷风》第一章云：

“习习谷风①，以阴以雨。黾勉同心，不宜有怒，采葑采菲②，无以下体③，德音莫违，及尔同死。”

这章是说：一个妇人，因色衰为丈夫所弃。回忆起过去无论刮风下雨，与丈夫一起共建家庭的情景，不能迁怒于他。采葑也罢，采菲也罢，不能因为它的根不好，就一同抛弃它的可食的枝叶。我不能违背我们结婚时的初衷，始终与你同心，愿和你偕老死在一道！

第二章云：

---

① 谷风：百谷生长之风，即东风。一说指山谷中的风。

② 葑、菲：菜名，均可食。

③ 下体：根也，可食。

"行道迟迟[①]，中心有违。不远伊迩，薄送我畿[②]。谁谓荼[③]苦，其甘如荠[④]，宴尔新婚，如兄如弟。"

这章是说：这妇人被丈夫所弃后，即被逐出门。妇人因眷恋夫君不忍远离，行动迟缓。夫君仅送至门外，却把门关闭。妇人自念，谁说荼菜苦，我看如荠甜。看我丈夫新娶的妻子，亲密地如兄如弟。

第三章云：

"泾[⑤]以渭[⑥]浊，湜湜[⑦]其沚[⑧]。宴尔新婚，不我屑[⑨]以。毋逝我梁[⑩]，毋发我笱[⑪]。我躬不阅[⑫]，遑恤[⑬]我后。"

这章是说：泾水原来是清的，与渭水合流才变混浊的。小岛周围的水也是清清的。我丈夫因为有了新人，就不理我了。他不准我走我的桥，不准我收我的笱和我的鱼。他容纳不下我，还能容纳以后的人吗？

第四章云：

"就其深矣，方之舟之。就其浅矣，泳之游之。何有何亡[⑭]，黾勉求之。凡民有丧，匍匐救之。"

---

① 迟迟：舒缓。

② 畿：音 jī，门槛。

③ 荼：音 tú，苦菜。

④ 荠：二年生植物，叶嫩时可食。

⑤ 泾：音 jīng，水名。发源于宁夏回族自治区泾源县，东南流，入陕西省高陵县入渭。

⑥ 渭：音 wèi，水名。发源于甘肃省渭源县，东流，经西安市北，再东流，至潼关北入黄河。

⑦ 湜湜：音 shí，水清见底。

⑧ 沚：音 zhǐ，水中的小块陆地。《说文》引此诗作"止"。

⑨ 屑：答理。

⑩ 梁：桥。

⑪ 笱：音 gǒu，用竹制的堵住桥洞的捕鱼工具。

⑫ 阅：容。

⑬ 恤：音 xù，怜悯。

⑭ 亡：通"无"。

这章是说：按那水的深呀，筏子能渡过它，船也能渡过它；按那水的浅呀，泅水能泅过它，游水也能游过它。家里的东西哪样有、哪样没有，我总是勉勉强强地去筹措它、计划好。凡是亲戚朋友、隔壁邻舍有什么凶祸大事，我总是手忙脚乱地去帮助解救他。这段诗的意思是，该妇人平日在家遵从夫命，以勤家睦邻为德，所以你没有什么可抛弃我的理由。

第五章云：

“不我能慉[①]，反以我为雠[②]。既阻我德，贾用不售。昔育恐育鞫[③]，及尔颠覆。既生既育，比予于毒[④]！”

这章是说：你不喜欢我也罢了，反而把我当做了对头。既然你拒绝了我的好意，就像卖货的而不得脱售。从前生活是这样穷困潦倒，但也甘心和你生活在一起、死在一块。而今生活好起来了，你却把我比做毒物似的抛掉！这诗的意思是说，其丈夫以德为仇，可与共患难而不可与共安乐，真是人情所不能堪。

第六章云：

“我有旨蓄，亦以御冬。宴尔新昏，以我御穷。有洸有溃，既诒我肄。不念昔者：伊余来塈！”

这章是说：我储藏着滋味好的干菜，也可拿来抵挡一个寒冷的冬天。你们享受新婚的安乐，却让我过着穷困的生活。对我打骂无常，却又让我做劳苦的事，也不曾想想当初，是如何地爱我。

这六章诗，使这位妇人的怨恨之情溢于言表。而夫人态度温柔，语气舒缓，即使粗暴的丈夫，也不会被激怒。这就是孔子所说的“诗可以

---

① 慉：音 xù，好。

② 雠：音 chóu，仇

③ 育鞫：谓生于困穷之际。

④ 比予于毒：谓比我以毒，即以毒比喻。

忿”。

《论语·颜渊篇》载：

子曰：“一朝之忿，忘其身以及其亲，非惑与！”

孔子说：“因为一时的愤怒或怨恨，忘记了自身而连累了亲人，这不是惑吗？”

孔子所说的“惑”，即指因为情绪失去自我控制而产生的错误行为。因一时怒发冲冠，失去控制而走向犯罪的事例是很多的。只有依靠加强修养，善于调节和缓解自己的情绪，保持理智，才能避免之。

五、其鸣喈喈，归宁父母

——女儿事父之要

《论语·阳货篇》说，学诗可以“迩之事父，远之事君。”“迩之事父”即指儿女孝敬和服侍父母。孔子对儿和女孝顺父母的要求是不同的。

女儿如何事父？《诗经·周南·葛覃》第一章云：

“葛[①]之覃[②]兮，施[③]于中谷，维叶萋萋[④]，黄鸟于飞，集于灌木[⑤]，其鸣喈喈[⑥]。”

这章是说，葛草的纤维，生长在中谷，它的叶生长得茂盛，黄鸟落在灌木上，“喈喈”地鸣叫着。

第二章云：

---

① 葛：植物名，其纤维可织麻布。

② 覃：音 tán，延长。

③ 施：生长。

④ 萋：指草生长得茂盛。

⑤ 灌木：丛木。

⑥ 喈喈：音 jiē，鸟鸣声。

“葛之覃兮，施于中谷。维叶莫莫①，是刈②是濩③，为絺④为绤⑤，服之无斁⑥。”

这是章说：葛之纤维，生长在山谷。它的叶很茂盛，我把它割下来煮熟，可以制成细麻布或粗麻布，做成衣服，你穿了切莫厌烦。

第三章云：

“言⑦告师⑧氏，言告言归。薄污我私⑨。薄浣⑩我衣⑪。害⑫浣害否，归宁⑬父母。”

这章是说：我向老师请假回娘家去，不要弄脏我的衬衣，不要弄脏我的礼服，哪是该洗的，哪是不该洗的。把衣服弄好了，我要回娘家向父母请安。

这三章诗是说这位妇女，同丈夫是双宿双飞，鸣声和谐，操持家务，勤劳整洁，有暇回娘家看父母，是一个多么和好的家庭。女儿出嫁了，在婆家过日子，勤劳整洁，和睦家人，生活富裕，不使父母挂心，这就很好，这就是孝。孔子作为一个教育家，教育妇女如何做才是孝，这是可取的，在今天的制度下，有一定的意义，我们可以教育女儿借鉴学习。

---

① 莫莫：茂密。

② 刈：音 yì，割。

③ 濩：音 huò，煮。

④ 絺：音 chī，细葛布。

⑤ 绤：音 xì，粗葛布。

⑥ 斁：音 yì，讨厌。

⑦ 言：发语词。

⑧ 师：老师。

⑨ 私：内衣。

⑩ 浣：音 huàn，洗衣服。古代一月两次洗衣服，1～15 日洗称上浣，15 日以后洗称下浣。

⑪ 衣：礼服。

⑫ 害：同曷，怎么，何时。

⑬ 归宁：妇女回娘家问父母安好。

中华民族素以勤劳善良而著称于世，中华女性更是勤劳的女性。可是，现代社会中却有一些青年女性在改变着自己的形象。

有些人，做女儿时尚能孝顺父母，可是出嫁以后就把父母忘记了。更有甚者，到婆家后，对公婆不敬不孝，甚至谩骂、虐待。这何以为孝。还有一些女性，逃避家务劳动，不悉心照料丈夫和子女，使家庭矛盾重重，难以和谐。妇女要走向社会，自强自立，同时也要照顾好家庭，和丈夫一起共同承担家务劳动，共同培养子女，共同创造家庭的温馨与和谐。上敬父母，下爱子女，平等对待自己的丈夫。这样，才有利于教育子女，有利于子女健康成长。

六、聿修厥德，万邦作孚

——儿子事父之本

孔子认为儿子孝敬父母，应与女儿不一样。《诗经·大雅·文王》，是周公用诗的形式歌颂他的父亲文王之德，以此教育子孙的。使子孙能效法其祖先，使其基业永久兴旺。从此可见周公孝敬父母之心。诗中第一章云：

“文王在上，于昭于天。周虽旧邦，其命唯新。有[①]周不[②]显，帝命不时[③]。文王陟[④]降，在帝左右。”

这章是说：周文王在上，能配皇天，周家虽是旧邦，但她的国运却有新气象。这周家的前途很光明，经常得到上帝的旨意。文王或升高，或降低，都在上帝左右。

第二章云：

“亹亹[⑤]文王，令[⑥]闻不已，陈[⑦]锡[⑧]哉[⑨]周，侯文王孙子，

---

① 有：语助词。
② 不：通“丕”，大。一说为语助词。
③ 不时：经常。
④ 陟：音 zhì，登高。
⑤ 亹亹：音 wěi，形容勤勉不倦。
⑥ 令：善。
⑦ 陈：列。
⑧ 锡：通“赐”，给。
⑨ 哉：始，初。

文王孙子，本支[1]百世。凡周之士，不显亦世。”

这章是说：勤勉进取的文王，美名善誉永远不止。他施恩惠开创周代，文王的孙子都得到封侯。文王的后世或嫡系或旁支，都流传百世。凡周家的群臣贵族，亦大显于世，也传流后代。

第三章云：

“世之不显，厥犹翼翼[2]，思皇[3]多士，生此王国。王国克生，维周之桢[4]。济济[5]多士，文王以宁。”

这章是说：文王在世上很显赫，还小心翼翼地处事。美哉如此众多的贤士，而生于此文王的国家。文王之国能够造就他们，他们就是周朝的骨干之臣。只有众多的贤士拥护，文王之国才能赖以安宁。

第四章云：

“穆穆[6]文王，于缉[7]熙[8]敬止[9]。假[10]哉天命，有商孙子。商之孙子，其丽[11]不亿[12]。上帝既命，侯[13]于周服。”

这章是说：有远见卓识的周文王，对百姓的每一件事情，都准确地、公开地、恭敬地处理。上帝因此给文王以天命，占有殷商的子孙。

---

① 支：庶子分支。
② 翼翼：勉敬貌，即小心翼翼。
③ 皇：美好。
④ 桢：音 zhēn，刚木。
⑤ 济济：众多。
⑥ 穆穆：深远。
⑦ 缉：音 qī，一针对一针地缝边叫缉边。
⑧ 熙：光明。
⑨ 止：收语词。
⑩ 假：给。
⑪ 丽：原是讲美丽的鹿，因为鹿的数目众多，转为数字。
⑫ 亿：十万。
⑬ 侯：封侯。

殷商的子孙何止成万成亿。上帝已经授命文王，他们都对周朝臣服。

第五章云：

“侯服于周，天命靡常。殷士[①]肤[②]敏，祼[③]将于京。厥作祼将，常服黻[④]冔[⑤]，王之荩[⑥]臣，无念尔祖。”

这章是说：在周朝领土上为侯，上天之命不是永远不变的。殷朝人来到周京做事，很敏捷。在周京，对周朝祖先洒酒祭奠，穿上殷朝的大礼服，戴上殷朝的大礼冠。作周王的忠臣，不要怀念你们的祖先。这章诗还说明另一个问题，即在周朝的统治下，并未改变殷朝服装的制度，也可能未改变它的历法。因为夏历适合农业生产的要求，所以才能流传至今。

第六章云：

“无念尔祖，聿[⑦]修厥[⑧]德。永言配[⑨]命[⑩]，自求多福。殷之未丧师，克配上帝。宜鉴于殷，骏[⑪]命不易。”

这章是说：不要怀念你们的祖先，要修你们自己的德行。永远配合周朝的天命，自己创造多种幸福。殷王未失民心时，能够配合上帝。现在殷朝已失掉民心，就必然灭亡。我们宜以殷朝为鉴，小心统治，乃知保持王朝的不易。

---

① 士：殷人在诸侯国为大夫者称士。
② 肤：大。
③ 祼：音 guàn，斟酒灌地的祭祀。
④ 黻：音 fú，古代礼服上花纹的一种，带黻纹的衣服，即殷朝的大礼服。
⑤ 冔：音 xǔ，殷冠。
⑥ 荩：音 jìn，忠。
⑦ 聿：音 yù，发语词。
⑧ 厥：音 júe，其。
⑨ 配：符合。
⑩ 命：天理。
⑪ 骏：音 jùn，大。

第七章云：

“命之不易，无遏①尔躬。宣昭义问，有虞②殷自天。上天之载③，无声无臭，仪刑④文王，万邦作孚⑤。”

这章是说：知道了统治天下不容易，就不要断绝在你自己的手上。要经常宣布你自己的仁义之事，要经常考虑殷朝何以亡国。上天的事情既无声音，又无气味，你若作坏事，就会不声不响地受到惩罚。你要仿效周文王，使天下人民都信服你。

这七章诗是周公以他父亲为榜样，来教育成王的诗，他要成王从小就学会兢兢业业地做事，长大后光大周朝的统治。成王果然能接受他叔父周公的教训，把周朝统治稳定下来，也使后来周朝的统治延续了八百多年。孔子认为，儿子事父母，不但要问寒问暖，还要继承和发扬父辈的事业，这才是孝。

这个“孝”固然包含了许多封建意识，如《诗经》所云：“陈锡哉周，侯文孙子，文王孙子，本支百世。”似乎父亲做了皇帝，儿孙、嫡系都要封侯做官，流传百世。这种观念和现代思想是格格不入的。

然而，我们可以将这种观念更深远地理解为教育儿子对事业的追求，从小培养儿子的事业心和责任感，变“为家教子”为“为国教子”。孔子的一生成就了伟大的事业，这与他少年时所受的家庭教育分不开，甚至从一定意义上可以说，他的母亲和他的外祖父对他灌输的事业心和成就感，是他一生矢志求学，设教育才的原动力。

孔子的母亲从孔子很小的时候起，就教孔子懂得国家大事，长大以后，要行仁义，报效祖国。孔子的外祖父还把三皇五帝治世的思想和主

---

① 遏：断绝。
② 虞：音 yú，揣度。
③ 载：事。
④ 刑：典型。
⑤ 孚：音 fú，信。

张讲给他听，要他记住：人生在世，一定要成就一番事业，留名青史，让后人敬仰，也光宗耀祖。在孔子所受的教育中，国与家是一致的，国不宁则家不安，报效祖国，也有益于家庭。

由此看来，对子女的事业感教育对子女的成才尤其重要，万万忽视不得。

不过，孔子所认为的这种“孝”只局限于儿孙，也是不对的。在当今男女平等的社会，儿女都应该继承和发扬父辈的事业，做一个对社会有用的人。

孔子也很重视对儿子和弟子们的事业感教育，他设教讲学的内容也都是为报效国家服务的。为国效力也是孔子培养弟子的一个重要目的，他在为学生们讲授仁义道德的同时，也为他们讲授涉及政治、军事、国家管理等方面的知识。孔子的弟子中有许多人为当时的鲁国做出了或大或小的贡献。有人指挥过战争，有人出使过别国，有人做了地方官，为鲁国的稳定和发展尽了力。

七、窈窕淑女，君子好逑

——还给子女感情的自由

在封建社会，男婚女嫁都是由父母包办代替的。孔子在当时能具有允许男女由恋爱而结婚这种观点，是很进步的。

《诗经·周南·关雎》第一首第一章云：

关关[①]雎鸠[②]，在河[③]之洲[④]。窈窕[⑤]淑[⑥]女，君子好逑[⑦]。”

这章是说：一对雌雄雎鸠，在黄河滩上很和谐地鸣叫。美好善良的女子啊，一位少年以爱慕之心向你求婚。孔子认为，当男女成人以后，男女之间的情爱是正当的，而不是“邪”。

第二章云：

---

① 关关：雌雄二鸟鸣叫之相和声。

② 雎鸠：水鸟名，雎音 jū。

③ 河：为古代黄河专有名词。

④ 洲：水中陆地。

⑤ 窈窕：音 yǎo tiǎo，美好。

⑥ 淑：善。

⑦ 逑：音 qiú，匹配。

"参差[①]荇菜[②]，左右流之。窈窕淑女，寤寐[③]求之。求之不得，寤寐思服[④]。悠[⑤]哉悠哉，辗转[⑥]反侧[⑦]。"

这章是说：参差不齐的荇菜，姑娘在我身旁采摘。优雅静淑的姑娘，我醒时想你，我睡时梦见你。我求你不得，日夜怀念。忧思加忧思，辗转反侧，彻夜不眠。

第三章云：

"参差荇菜，左右采之，窈窕淑女，琴瑟[⑧]友之。参差荇菜，左右芼[⑨]之。窈窕淑女，钟鼓乐之。"

这章是说：参差不齐的荇菜，姑娘在我左右采摘。若得到窈窕淑女，必弹琴鼓瑟以亲近她。把采来的荇菜做熟，让善良的姑娘享用。待娶来了窈窕淑女，必撞钟击鼓以取悦她。

这三章诗是说一个男子追求一个窈窕淑女的故事。诗中并没有提到父母之命，媒妁之言。孔子把它列为《周南》第一篇，足可见他对男女之间婚姻道德观念的重视，对自由恋爱的重视。

孔子不仅允许男子追求女性，也允许女子以唱歌的形式主动向男子表达爱情。《诗经·召南·摽有梅》讲述了一个这样的故事：

第一章云：

---

① 参差：长短不齐。

② 荇菜：多年生草本植物，"荇"音 xìng。

③ 寤寐：醒睡。

④ 服：怀念。

⑤ 悠：忧思。

⑥ 辗转：翻来复去地来回转动。

⑦ 反侧："反"，辗之过；"侧"，辗之留。"辗转反侧"，表示卧不安席。

⑧ 芼：音 mào，择取。采择到手做熟以后，令人享用。

⑨ 琴瑟：均古代乐器名。琴，五弦或七弦；瑟，二十五弦。

"摽[①]有梅[②]，其实七兮。求我庶[③]士，迨[④]其吉兮。"

这章是说：少女自叹说，梅已落了十分之三，只剩十分之七了。我已到了结婚的年龄，求我为妻的众士啊！到了吉期了。

第二章云：

"摽有梅，其实三兮。求我庶士，迨其今兮。"

这章是说：现在梅子已落了十分之七，只剩下十分之三了。求我为妻的庶士啊，今日就是合适的时候了。

第三章云：

"摽有梅，顷[⑤]筐塈[⑥]之。求我庶士，迨其谓之。"

这章是说：这梅子都落尽了，你用整个筐来盛吧！要求我为妻的庶士，你对我说一声就行了。

除了男女之间的互相追求外，男女在结婚前幽会、馈赠礼品，孔子都不认为是非礼。《诗经・邶风・静女》第一章云：

"静女其姝[⑦]，俟[⑧]我于城隅。爱而不见，搔[⑨]首踟[⑩]蹰。"

这章是说：一个美丽安静的女子，在城角下等着我。我爱她，来了却不见她，我在那里用手搔着头，欲走不走地徘徊。

第二章云：

---

① 摽：音 biào，落。

② 梅：木名，花白。摽梅，谓梅子成熟后落下来，后用摽梅比喻女子已到结婚的年龄。

③ 庶：众。

④ 迨：到。

⑤ 顷：同倾。

⑥ 塈：音 jì，取。

⑦ 姝：音 shū，美丽。

⑧ 俟：音 sì，等待。

⑨ 搔：sāo，用手指甲轻刮。

⑩ 踟蹰：音 chí chú，心里犹豫，要走不走的样子

"静女其娈[①]，贻我彤[②]管[③]。彤管有炜[④]，说怿[⑤]女美。"

这章是说：这位安静的女子非常美丽，她赠给我一支红色的乐管。红乐管发出似火的光亮，更衬托出她的美色。

第三章云：

"自牧[⑥]归荑[⑦]，洵[⑧]美且异。匪女[⑨]之为美，美人之贻[⑩]。"

这章是说：这位美丽的姑娘从野外带回了草木的嫩芽，也都是异乎寻常的美丽。并不是这个嫩芽本身美，而是由美丽的姑娘送给我的。

描写男女之间恋爱的诗篇还有《诗经·鄘风·桑中》中的一至三章。

第一章云：

"爰采唐[⑪]参，沬[⑫]之乡矣。云谁之思，美孟[⑬]姜[⑭]矣。期我乎桑中，要我乎上宫，送我乎淇[⑮]之上矣。"

这章是说：我在沬乡采菟丝。我想到谁呢？想到姜家的大小姐。她

---

① 娈：音 luán，美好。
② 彤：音 tóng，红。
③ 管：乐器名。
④ 炜：音 wěi，光明。
⑤ 怿：音 yì，欢乐。
⑥ 牧：牧畜之野。
⑦ 荑：音 tí，草木初生时的嫩芽。
⑧ 洵：音 xún，实在，确切。
⑨ 女：通"汝"，指荑。
⑩ 贻：音 yí，赠与。
⑪ 唐：蒙菜，一名菟丝。
⑫ 沬：音 meì，古地名，约在今河南省淇县南。
⑬ 孟：老大。
⑭ 姜：在春秋时，许多国家国君都姓姜，姜姓多生美貌女子。
⑮ 淇：音 qí，淇水，源出河南省林县东南临淇镇，东北流经淇阳，会浙河，东南流经汤阴，至淇县入卫河。

约我到桑林里见面，在上宫中休息，还送我到淇水岸上。

第二章云：

“爰采麦矣，沫之北矣。云谁之思，美孟弋[①]矣。期我乎桑中，要我乎上宫，送我乎淇之上矣。”

这章是说：我在沫水之北采麦。我想谁呢？我想姒家大小姐。她约我到桑林中见面，在上宫中休息，还送我到淇水岸上。

第三章云：

“爰采葑[②]矣，沫之东矣。云谁之思，美孟庸[③]矣。期我乎桑中，要我乎上宫，送我乎淇之上矣。”

这章是说：我到沫水之东采蔓菁。我想谁呢？我想庸家大小姐。她约我到桑林中幽叙，到上宫中休息，还送我到淇水岸上。

这即所谓男女幽会桑间濮（pú）上之乐。在《诗经》中用了大量的篇幅记述了男女之间恋爱的经过和形式，并要求年轻人学诗，这说明孔子是赞成自由恋爱，反对父母包办婚姻的。

感情教育，是教育工作的一大难题，我们必须培养孩子丰富的感情，以一颗爱心与人相处。尤其是对待孩子的恋爱问题，做父母的一定要理解孩子的感情，尊重孩子的感情。对于未成年子女的过早的恋情或变态的感情，要加以正确的引导，采用适当的方式加以制止。而对于成年的子女的正当的恋爱关系就不能粗暴地干涉，甚至将自己的意愿强加于子女。父母对子女的社会交往也不要过于敏感，要允许子女与异性的正常交往，不能把正常的男女交往看成是不正当的。

当然，当发现子女在交际过程中有不当行为时，要注意及时地耐心地加以说服教育，教他们自尊、自爱、自重，也要尊重他人。

---

① 弋：或作姒，姒是夏朝天子之姓，其后代多美人。

② 葑：音 fēng，蔓菁。

③ 庸：即鄘，鄘国的贵族。

第二篇　不学礼，无以立

——孔子论学礼

仁礼，是孔子设教讲学的核心内容，也是孔子个人追求的理想境界。孔子曾对儿子孔鲤说："不学礼，无以立。"不能立身处世，又怎么能生存于社会而服务于社会呢？"仁"是指人与人相处的关系，即"善心"、"爱人"，这是孔子最重视的个人德行修养，也是孔子思想中最有价值的部分。孔子认为，"克己复礼"，"非礼勿视，非礼勿听，非礼勿言，非礼勿动"，就能成为仁人。

孔子所谓的"礼"，实际上指的是社会道德规范和行为准则，用现在的话来说，就是要遵纪守法，文明礼貌。孔子要求儿子学礼，就是要让儿子知道，必须用"礼"来约束自己的行为，树立自己的形象，维护社会的秩序。

在孔子的心目中，"礼"是人生一切行为的规范，人的言谈举止、面容情态，合礼就雅，不合礼就俗。正所谓："恭而无礼则劳，慎而无礼则葸[①]，勇而无礼则乱，直而无礼则绞[②]。"（《论语·泰伯篇》）

看来，孔子的仁礼思想也分为两个方面，即为人的本质和表象。一个人本质上是不是仁，要看这个人是不是善良，是不是有真情，是不是爱人；一个人是不是有礼，则反映在人的表面，是否谦虚，是否朴实，与人交往是否恭谨，是否让人；等等。按照孔子的要求，仁人也必须加强修养，循礼而行。正所谓："文质彬彬，然后君子。"（《论语·雍也篇》）

循礼而为仁，包括哪些内容呢？

---

① 葸：阐 xǐ，畏惧的样子

② 绞：言语尖刻伤人。

《论语·阳货篇》载：

> 子张问仁于孔子。孔子曰："能行五者于天下，为仁矣！""请问之。"曰："恭、宽、信、敏、惠。恭则不侮，宽则得众，信则人任焉，敏则有功，惠则足以使人。"

子张向孔子请教何以为仁。孔子说："若能做到五条，就算是仁了。"子张请孔子解释，孔子说："恭谨、宽容、诚实、勤劳、惠爱。一个人待人恭谨，就不会招来侮辱；对人宽容，就能得到人心；诚实，能得到人的信赖和支持；勤劳，则能建功立业；爱人助人，也会得到别人的爱和帮助。"

一、爱人

——仁之第一要素

孔子的弟子樊迟曾向孔子问仁，孔子对他说："爱人。"的确，一个家庭，有爱才能维系；人与人之间，有爱才能相处；一个社会，有爱才能稳定。人，如果没有爱心，不爱人，那么人与人之间只有怨恨了。人，得不到人的爱，那活着还有什么意义呢！没有了爱，就没有了世界。所以，要从小培养孩子的爱心，教育孩子爱人，我们的生活才会更美好。

《论语·八佾篇》载：

> 子曰："人而不仁，如礼何；人而不仁，如乐何！"

孔子说："一个不仁的人如何去行礼！一个不仁的人又如何去作乐！"意思是说，一个不仁的人，即使表面上去行礼、去作乐，也毫无意义，因为他本质上是一个不仁的人，对他人没有爱心，没有情感，他的行礼作乐是那么虚伪、做作。所以说，"爱人"，正是做人的最大道理。

且说孔子，因为鲁定公耽于女乐不理朝政，孔子觉得报国无望而辞乡离国。在去往卫国的路上，弟子冉求问孔子说："老师，你这次被迫离开鲁国，去往他乡，难道会没有任何怨恨吗？"

孔子叹道："这次出走，是我自己愿意的，我怎么能怨天尤人呢？

处事要多责备自己，少责备别人，这样就没有怨恨了。不然的话，冤冤相报，以仇为仇，仇恨就会越积越多，越来越深。我谁也不怨恨!”

多一份爱心，就少一份怨恨；多一颗爱心，就少一个仇人。记得有人信奉这样一句话，“害人之心不可有，防人之心不可无。”这防人之心给人们带来了多么沉重的心理负担。也许，尽管你不害人，可是你要防备别人害你，这是正当的。如果每一个人都没有害人之心，那么这种防备就没有意义了。“害人之心”为“爱人之心”取而代之，世间会充满亲情，我们的生活也会轻松、美好。从小教育我们的孩子吧：害人之心不可有，爱人之心不可无。

爱心，对任何人都应该是公平的。要爱父母，爱兄弟姊妹，爱邻里乡亲，爱朋友，爱路人，爱同志，爱领导。爱有益于人类的每一个生命，爱有益于社会的每一种事物。

孔子在陈国期间，曾应陈湣公之约陪同观猎。当陈湣公命猎人捕捉一群梅花鹿时，孔子惊慌地加以制止，并解释说：“主公，梅花鹿只吃草，不伤人，对人类是有益的，被视为吉祥之兽，千万不可捕捉啊。”

猎人怎么会听孔子的话呢？眼看着一只只梅花鹿被射杀，倒在血泊之中。孔子伤心极了。陈湣公却喜形于色。

后来，孔子对弟子说：“陈湣公作为一国之君，毫无爱心，怎么能治理好国家呢?”

大自然是人类赖以生存的基础，良好的自然环境是人类健康的保证。人同生物之间存在着一定的相互依存的关系。要教育后代热爱大自然，培养环境保护意识。这也是为了后代的利益。

有一次，孔子曾信步来到周公庙附近的伯禽望父台。伯禽是周公的儿子，鲁国的第一个国君。他绕台转了一圈，见上面长满了杂草，好像好久没有人登临了。这在别人看来，也许不足为奇，却引起了孔子的深思。他想，当年伯禽在这鲁城中筑台西望[①]，借以寄托对父亲的思念，那是一种什么样的情思啊！而眼前的情景，却让他感到一阵阵难过。联系到今天，我们确实有些人把老祖宗忘记了，把我们中华民族悠久的历史忘记了。甚至有些年轻人，忘记了自己的祖国，贬低自己的祖国。真是可悲啊！

对后代的爱国主义教育也是不可忽视的。要培养后代的爱国之心，就要对他们进行历史的教育，社会的教育，让他们珍视民族文化，促进民族发展。教育子女对祖国奉献一颗爱心，一腔热情。

爱人，既要爱胜过自己的人，爱贤人才子，更要爱弱于自己的人，有求于自己的人和需要帮助的人，即要助人。

孔子在齐国，曾与贤大夫高昭子论起管鲍之交。他说："管仲是个仁人，很有智慧和才能，曾经辅助齐桓公称霸诸侯。可是，假设说管仲没有鲍叔牙的举荐，就算是本领再大，恐怕也是没有用的，就像是一块宝玉埋在地里。因此，鲍叔牙更是个仁人了。"鲍叔牙仁之道，就在于爱才举能。用今天的话说，千里马虽好，更需伯乐来发现之。

对有才能的人，如果不能敬而爱之，则必然会妒而恨之。

与孔子同时代的齐国的晏婴，也是一个很有才能的人，但是心胸狭窄，容不得超过自己的人，因为嫉恨之心压倒了爱心，就要对超过自己的人施毒计下黑手。传说齐国大将公孙捷、田开疆、古冶子骁勇善战，为齐国立了大功，但却得罪了晏婴。晏婴嫉才妒能，在齐景公面前讲他们的坏话，并向景公献计除掉了他们。后来，齐鲁会盟，齐国输给了鲁国，晏婴又嫉妒孔子的才能。因为孔子是作为鲁国方面的相礼去的，而晏婴是齐国的相礼，所以，实际上是孔子与晏婴的较量。晏婴太嫉恨孔子了，加上年老体弱，一病不起，竟一命呜呼！

爱人，尤其对那些老弱病残者更应该以礼相待，当他们有求于自己

---

① 指西望镐京（今西安），伯禽是周公长子，封侯建立鲁国；周公是周文王的儿子。周朝国都为镐京。

的时候，应该以一颗爱心，尽自己之力帮助他们。同情弱者，当是人之常情。

《论语·卫灵公篇》载：

> 师冕见。及阶，子曰："阶也。"及席，子曰："席也。"皆坐，子告之曰："某在斯，某在斯。"师冕出，子张问曰："与师言之，道与？"
>
> 子曰："然，固相师之道也。"

师冕来见孔子。到了台阶前，孔子说："这是台阶。"到了坐席前，孔子说："这是座席。"都坐好了，孔子又告诉他："这里是某某人，那里是某某人。"师冕出去后，子张问孔子："老师，你和乐师讲的话都有道理吗？"孔子说："是啊，这就是我们对待一个眼睛看不见的人所应该遵行的道理。"

这是孔子对于一个盲人的爱心的体现，他是多么细心周到，多么善于体谅人的苦衷啊！孔子尚能做到这样，我们在日常生活中也应该更多付出一些爱心，助人为乐。走在大街上，看见盲人就领他过马路，这对我们算不了什么，但对这个盲人来说却是巨大的帮助，使他感到人间的可亲可爱。

我们常常叹息，人情冷暖，世态炎凉，也许是因为我们感觉到的温情太少了吧。可是，再想一想，别人从我们这里得到了多少温情。"爱人者人恒爱之。"我们不爱人，不帮助别人，别人怎么会爱我们，帮助我们呢？孔子的朋友死了，孔子能够替他的家人包办丧事，多么有情有义！

与人交往，不可避免地产生利益关系，是斤斤计较，见利忘义，还是让利于人，见义勇为，这也反映了一个人的利益观念。正如孔子所认为的，君子视富贵如浮云，不贪心，不图利，也无患失，无忧无虑。而小人呢，不求义，只图利，得不到利，便因此而烦恼，一旦得到了，又怕失去。所以小人无欢乐可言。

我们要爱人，助人，也要爱我们自己。当爱人与爱己发生矛盾时怎么办？孔子认为，做人要有义，要有正义感。

子曰："君子喻于义，小人喻于利。"（《论语·里仁篇》）

孔子说："君子深明大义，小人只知图利。"

孔子还告诫弟子：

"见利思义，见危授命。"（《论语·宪问篇》）

见到财利的时候要想一想道义，见到危急的时候就要献出生命。

《论语·为政篇》载：

子曰："见义不为，无勇也。"

义，就是根据当时的情况，应该怎样做才是合理的，恰当的。所谓不义之财，就是不应该得到的财富，若得到了，就是不合理的，甚至说是违法的。所谓不义之举，就是不合理的行为。

正如孔子所言：

"君子之于天下也，无适也，无莫也，义之与比。"（《论语·里仁篇》）

君子对于天下的事情，不一定要怎样做，也不一定不要怎样做，要根据具体情况怎样做适宜就怎样做。

夜晚，走在街上，当附近传来凄惨的呼救声的时候，就要勇敢地跑过去。也许面对的会是歹徒的尖刀，可是，如果不把歹徒打倒，身旁的弱女子就会受害。因为要保护可能受到伤害的好人，就要勇敢地面对坏人，惩治坏人，才能保护好人。这就是适宜的行为，就是正义的行为。

子曰："唯仁者能好①人，能恶②人。"（《论语·里仁篇》）

---

① 好：音 hào，喜爱。

② 恶：音 wù，厌恨。

孔子说："只有仁义的人，才知道应该爱什么人，恨什么人。"反过来说，只有知道爱什么人，恨什么人，才能算是仁人。如果没有正义感，那就不知道应该爱什么人，恨什么人。所以孔子说：

"君子义以为质。"（《论语·卫灵公篇》）

当然，即使是正义之师，也要讲究出师的战略策略，即使是正义的行为，也要选择恰当的方式。否则，便会出现"好心干了错事"的情况。所以，孔子在要求君子"义以为质"的同时，还要求：

"礼以行之，孙[①]以出之，信以成之。"（《论语·卫灵公篇》）

君子以义作为做人的根本，对正义的事情，依礼行动，用谦虚的语言表达，以忠实的态度来完成。实际上指的是，要讲究处事的方法。若不讲方式方法，盲目行动，可能会导致不好的结果。

比如，对待未成年子女的早恋问题，就一定要讲究方法，才能处理好。如果对子女进行耐心的教育，动之以情，晓之以理，子女是会认识到错误而逐步改正的。反之，如果不进行严肃而亲切的谈话，不耐心细致地劝说，不讲道理，粗暴地打骂，就会伤害了子女的自尊心，他们也认识不到错误，也就不会改正错误，甚至会促使他们越陷越深。

爱人，就要为这个人负责。当一个人犯了错误的时候，就要以适当的方式指出他的错误，帮助他改正错误。这就是对他的爱。爱人，是爱人的正义，爱人的优点，不能包庇人的错误。如果一味纵容，就是害了这个人。父母对子女的爱也要适当，不能溺爱，不能纵容，否则，会毁了孩子的一生。由于娇生惯养，又缺乏教育，致使孩子走向犯罪的实例是很多的。

某地曾发生这样一起案件。

① 孙：通"逊"。

王某，是一个 15 岁的男孩子，却因奸淫并杀害幼女，而接受法律制裁。为什么一个少年竟犯如此大罪?

王某的爷爷是高级干部，王某的爸爸是独子，王某也是独子，便成了王家的独苗。因此深得爷爷奶奶的宠爱，从小娇生惯养，放任自流。

王某的父母亲是一般干部，不注重对儿子的教育和培养。更可恨的是，这对夫妻感情不和，修养很差，丈夫在外寻花问柳，妻子竟同别人一起经常在家中放映观看黄色下流的录像片子，这更使缺乏教养的儿子逐渐产生了邪念。于是，王某也经常带一些女孩子来家中玩耍，或者与社会上一些不三不四的人一起出入低级娱乐场所。

有一天晚上，几个女孩子准备从他家走的时候，他以看相片为借口将其中一个女孩留下了。此时，他的父母外出未归，他便将这个女孩子强奸了。遂后，女孩哭泣，他怕被邻居听见，一时慌张，竟将此女掐死在家中。

难道他的父母不爱他吗？他的父母对他经常和女孩子一起玩的事实无所觉察吗？不是的！他的母亲泣不成声地说：“我见他和女孩一起玩，还认为是他讨女孩喜欢呢，我心里还高兴啊，我的儿子多有魅力。”真是糊涂啊，十四五岁的孩子，怎么就要有魅力呀！像这种犯罪，难道不是因为溺爱而不教造成的吗？

二、敬而无违，劳而无怨

——孝敬父母

孝，是中华民族精神文明的精髓，是一切德行修养的根本。所以，古人说，以孝治天下。孝，是孔子仁礼思想的核心内容。

一个人能孝敬父母，自然会感觉到亲切和气，心情舒畅，也就不会做出违法犯罪的事情，在与人相处的过程中，也就不会违礼犯规、贪心求利、赌气争强，以至影响人际关系。如果人人都能这样，那么家庭就能和睦，社会就能稳定。

孔子是圣人，也是孝子。孔子幼年丧父，遂尽心尽力地孝敬母亲。孔子也把教育弟子孝敬父母当做教学的一项内容。

怎样才算是孝敬父母呢？

《论语·为政篇》载：

> 孟懿子问孝。子曰："无违！"樊迟御；子告之曰："孟孙问孝于我；我对曰'无违'。"樊迟曰："何谓也？"子曰："生，事之以礼；死，葬之以礼，祭之以礼。"

孟懿子向孔子问孝。孔子回答说："不要违背父母！"樊迟替孔子驾车，孔子告诉他说："孟孙曾向我问孝，我回答他说，'不要违背父母'。"樊迟问："这是什么意思？"孔子解释说："父母在世的时候，要依礼服侍他们；父母去世后，要依礼葬他们，还要依礼祭他们。"

孔子所谓的“无违”，是指不要违礼。是的，一切事情都要循礼而行。中国人讲孝，都是讲“孝顺”。孝，以顺为主，这是一切行孝的基础。所以说“无违，是孝的根本所在。孩子是娘身上的肉，孩子疼，娘也自然会疼的，父母亲多么爱我们啊！父母生我们，养我们，多么费心，多么操劳，真够辛苦的了。我们有什么理由不爱父母，不敬父母，不养父母？怎么能容忍违礼行为！相信父母都希望自己的孩子一切都好，父母亲在任何事情上都会为孩子着想的，既然这样，我们怎么能违背父母亲的意志呢？有的孩子，不听父母的话，不接受父母的教育或训斥，这是不对的。

当然，有时父母亲也会有错误。是的，任何人都不是永远正确的。可是，我们要理解父母的一片苦心，要接受父母对我们的爱。并不否认，两代人之间在思想意识、价值观念、处世准则、生活习惯等各方面都有着差别，父母亲不能以他们的标准要求我们，可是，父母亲对我们的一颗爱心是永远不会变的，这也不可否认。那么，应该怎样对待父母对我们的不适当的要求或父母自身的错误呢？

子曰：“事父母，几谏；见志不从，又敬不违；劳而不怨。”（《论语·里仁篇》）

孔子说：“服侍父母，当我们觉得父母有不对的地方的时候，就应该婉言相劝。如果父母不接受或不承认，我们还是要尊敬父母，但也不应该违背我们认为是合理的主张，不放弃我们的意见。这样，我们也许会感觉很苦闷，但也不能怨恨。”

实际上，任何事情都应该依据事理，合乎人情才算是合理的。孝，应该顺。但是，如果父母有不对的地方，我们仍一味顺从，就不合理了。

孔子为自己的女儿取名为“无违”，看来也是希望自己的女儿对自己孝顺吧。

可是，虽然孔子认为孝是“无违”，但孔子还是认为不能不分是非曲直而一味顺从。既然不顺从，就是反对。关键在于以什么样的态度、什么样的方式加以反对！我们的反对要合情合理，父母才会接受；即使父母不接受，也不致于伤害父母的心。父母终究是父母，不能因为有错而对其无礼，不能以对待敌人的态度来对待父母。

如果父母不听我们的劝阻呢？孔子主张“几谏”。如果委屈自己，勉强自己服从父母之命，也不能算是孝。不过，要注意语言方式。

比如，父母强迫我们不间断地学习，以至得不到休息，身体已经承受不了了。你想休息会儿，调节调节，可父母还是不高兴。这时，就要看我们怎么讲话了。

“你们想让我累死吗?”噢，父母亲考虑到严重性，有可能放你出去。可是，你的话太伤父母心了！

“讨厌嘛，我就是不学!”你太无礼了，父母怎么接受得了！

父母亲是望龙心切，以至忽视了科学性，你要和气地讲出个道理才行。“妈妈，我们在学校里上课，是40分钟后就休息20分钟的。这样有利于大脑休息，学习效率更高，也有利于身体健康。我已经很累了，应该出去休息会儿了。我知道你们希望我成才，可你们也不希望我把身体搞垮吧!”听了这话，父母怎么能不同意呢?

试想一下，如果我们一味顺从，长此下去，果真把身体搞坏了，父母亲会伤心的。这就不是孝了，或者应该称作愚蠢了。

或者，更严重些，因为忍受不了这种压抑的生活，寻了短见，那就会让父母背上“杀子”之名了。用孔子的话说，那就是使父母陷于不义了，这更不能算是“孝”了。

还是孔子说的实在、又可行。“小仗则受，大仗则走！不陷父于不义。”父亲用小棍子打我们，我们能忍受就忍了吧；如果用大棍重打，我们就跑开。要不然，打死了怎么办？不是让父亲陷于不仁不义的境地了吗?

在孔子的弟子中也曾发生过这种愚孝的蠢事。

曾参的父亲曾点托人从外地带回冬瓜种，种在后院中。曾参帮助锄草，不小心把两棵瓜苗全锄断了，遭父亲训斥，争辩了几句，父亲却打他。曾参挨打，不但不躲，挨打后，还怕父亲伤心，又装作高兴地弹琴以宽慰父亲。

孔子知道此事后气愤地说："为一点小事，曾点竟然重打儿子，既不慈又不仁。曾参挨了打却又安慰父亲，既不孝，又不仁。"遂不让他两人进学堂。

过了几天，父子两人向孔子认错。

曾点说："弟子错在不慈，不该因一点小事就责打儿子。"

孔子又对曾参说："你父亲打你，应该躲开。你不但不躲，还甘愿挨打。挨了打，还装笑脸弹琴。这不是陷父亲于不仁不义的境地吗？"

写到这里，想起了古代二十四孝中的郭巨埋儿的故事。东汉郭巨是河南省林县人，逃荒来到山东省长清县，以做木匠养活自己、母亲、妻子和儿子，家境贫寒。日常生活中，有时为母亲做点好饭，母亲却让给孙子吃，自己吃得很少。郭巨便和妻子商量，儿子死了还可以再生，母亲死了就不能尽孝心了，于是想把儿子活埋，就没有人争母亲的饭了。郭巨领儿子到山上，挖坑时挖出了一缸黄金，郭巨既蒙天赐就不埋儿子了。试想一下，若果真把儿子埋了，那不把母亲心疼死了。孝心反成恶果。再说，这样不爱孩子，以后还指望儿子孝敬自己吗？

父母辛辛苦苦地养育子女，也是指望自己将来"老有所养"。而对子女来说，怎样"养"父母？孔子认为要敬养。

《论语·为政篇》载：

> 子游问孝。子曰："今之孝者，是谓能养。至于犬马，皆能有养。不敬，何以别乎！"

子游向孔子问孝。孔子说："现在人认为孝就是能养父母。犬马，人也喂养它。如果只养而不敬，那么养父母和养犬马不是一样了吗？"

子夏问孝。子曰："色难!"(同上)

确实，这和颜悦色最难！常常听许多老人诉苦："儿女不孝啊!"可是，他们有吃有穿啊！可见，老人对儿女的要求，也不单是吃穿住，而更要求得到尊敬和爱戴，更需要感情上的温暖和心理上的安慰。物质待遇并不能代表一切，还需要精神上的愉悦，甚至这是更重要的。"我宁愿自己住，也不要跟这些不孝子孙们受气了!"老人们为什么会有这种"非份之想"呢？原因是儿孙们太无礼了。当今社会上的事例太多了，处处可以听到"儿女不孝"之怨，"婆媳不和"之论，甚至你也可能见到过对老人大打出手的事情。

某地曾发生这样令人痛心的事情。老夫妻两人随儿子和儿媳一起生活，还有三个孙女。家庭条件较好，可是儿媳不敬。每当吃饭时，儿媳不是骂孩子，就是骂母鸡："养活你们有什么用呢，吃饭时来了，连个蛋也不下。还有脸吃吗?"这对老夫妻实在忍受不了儿媳指桑骂槐，便商议买来了老鼠药，分成两包。当老汉吞下了一包时，老太婆却害怕地哭叫起来："这三个女孩都未成人，你就忍心舍她们而去吗?"老汉见老伴变了心，又把另一包吃下。当来人把老汉送进医院时，已来不及抢救了。儿子大怒，可是能将妻子奈何得了吗!?

为什么"寒门出孝子"？只要我们尽自己的力量，侍奉父母，那就行了。虽然可能是粗茶淡饭，虽然也许是陋居茅屋，可是，只要有真情，有敬意，有爱心，就有笑脸，就有欢乐，就有家庭的和睦。真情暖人心啊！何况对我们的父母。

还是说说孔子的弟子闵子骞吧，他的孝心深受孔子盛赞，也为后人称颂。

闵子骞少年丧母，父亲续娶，又生两子，弟兄三人的待遇大不一样。一年冬天，继母做了三件棉衣：两个弟弟是薄的，穿上却很暖；闵子骞穿着一件厚厚的，却冷得发抖。父亲见状，以为他是故意败坏继母名声，拿起鞭子猛抽，棉衣却被打破了，从里面飘出来的竟是芦花。父亲气极了，手持皮鞭气势汹汹地喊来了妻子，妻子自知理亏，跪地求饶。这时闵子骞却也跪在父亲面前，为继母求情："父亲，继母一向对我很好，这次做棉衣是一时疏忽，就饶了她吧！"父亲却说，要休了她。闵子骞着急了，说："父亲，不能啊。继母在，就算对我不好，也只是我一个人受苦；如果休了继母，我和弟弟三人都要受苦了！"继母听了，深感惭愧，从此，对闵子骞备加疼爱。

多么恳切的语言，表达的是多么真挚的情感。闵子骞对继母尚能如此，我们对亲生父母又该怎样！

子女不孝，是不是父母也有责任？可能的。有些父母，只爱孩子而不教孩子。爱而无教，必然使孩子失却为人的方向。父母不教孩子，又对孩子溺爱得很，事事迁就，事事纵容，结果必然造成子女品行不好。这是爱不得法。

还有些父母，缺乏知识，或者本身缺乏修养，尽管教育子女，也希望把子女教育好，可是因为方法不对，往往效果不好。这是教子无方。

也有一些父母，本身行为不佳，给孩子造成了坏的影响。我们不能忽视了潜移默化的作用。

子曰："养不教，父之过也。"（《孔子家语》）

传说孔子在鲁国任大司寇期间，曾处理了一起父子案。

父亲告状说："大人，我儿子自幼被他母亲宠坏了，家里的活不干，地里的活也不干。如今他母亲去世了，我忙里忙外，他却游手好闲。今天早上我劝他下地干活，他不但不听，反而动手打我。"

儿子说："我父亲不讲理，开口训我，动不动就打我。你看……"他掀起衣服，果然露出了一块块伤痕。

孔子没有重惩他们，却把他们父子关进了同一座牢里。并且暗自吩咐狱吏好好照顾他们，设法吸引他们注意屋檐下的燕窝。

父子两人揣不透孔子的心思，却注意到了大燕给雏燕喂食的情景。他们触景伤情，父亲想起了自己养育儿子长大成人的艰辛，儿子也想到了父母的养育之恩。他们内疚了，认错了，都主动提出自己一个人受刑。

孔子问他们错在哪里，儿子说："错在忘恩负义，不知报答养育之恩。"并表示痛改前非，重新做人。父亲说："错在教子无方。"

孔子说："养不教，父之过也。"既然他们悔悟了，便放他们回家了。

《论语·为政篇》载：

> 子曰："道[①]之以政，齐[②]之以刑，民免而无耻；道之以德，齐之以礼，有耻且格[③]。"

孔子说："用政治思想教育民众，用刑罚来约束民众，这样可以避免刑罚，但没有羞愧之心；用道德观念教育民众，用礼约束民众，这样，民众不但有羞耻心，而且能够自制，自我改善。"

孔子非常重视教育的作用。他认为，"不教而诛，就是错杀无辜"，主张"明德慎罚"。如果乱用刑法，而放弃了教育，民众有了过错，还不知错在哪里。这样，就会出现惩罚越重，犯罪越多的情况。所以孔子认为，教育是根本，法制只是起辅助作用。在家庭教育中也是同样道理。如果不对子女进行必要的教育，他们怎么会有正确与错误的区别。动辄打骂，是打不出孝子的，又怎么能教子成才或"养儿防老"呢？

作为父母，是爱子女的；作为子女，既然理解父母的爱心，那么，就要自尊自爱，不要让父母总为我们挂心、操心或担心。我们的自制能力、自理能力越强，父母的忧虑就越少。所以说，我们的自爱，就是爱父母，这也是一种孝道吧！

> 子曰："父母唯其疾之忧。"（《论语·为政篇》）

---

① 道：同导，治理。

② 齐：约束。

③ 格：改正。

孔子说："一个人，如果能够做到使他的父母只需要为他的疾病操心（而其他的一切都不必操心），那就可以说是个孝子了。"

是啊，一个人生理上的疾病是不可控制的，所以人担心疾病。而人的任何思想意识和言语行为都是可以控制的。如果我们的自制力强，一切都能够循礼而行，那父母就不必操心费神了。这确实是孝啊！

可是，要达到这样的要求，也实在太难了。这就需要我们自爱、自控，爱惜我们的身体和生命，维护我们的荣誉，热爱我们的事业，时时处处提醒着自己，要克己，要爱人。永远不要忘记父母对我们的爱。

比如说，晚上你要出去，就要告诉父母亲去何处，何时回，免得为你担心。当听到他们讲一声"早点回"时，可不要不耐烦，这一声叮嘱，包含了多少爱心，多少牵挂！如果父母亲对你的外出毫无反应，你也不要认为父母对你漠不关心，他们可能是不想影响你的社交活动。你在外面时，就要想着家中的父母在为你挂心，办完了必要的事，就要赶紧回家。

作父母的都希望自己的孩子成才，望子成龙是所有父母的心愿。那么，我们就要珍惜大好时光，努力进取，使自己有所作为。要加强个人修养，自尊自爱自强，自我完善，生存于社会而服务于社会。

三、与其奢也，宁俭

——朴实节俭

朴实节俭，是一种美德。

《论语·先进篇》载：

子曰："先进于礼乐，野人也。"

"野人"指的是居住在乡野的人，是农民。在这里，孔子是说，农民性情质朴，忠厚善良，他们的本性反映出来就合乎礼乐，故说他们先进于礼乐。

孔子喜欢朴实的人。

相传孔子在收仲由（字子路）为徒时，有这样一个故事：

一天，孔子正在院里给弟子们上课，从门外闯进一个人来。此人身材高大，体态魁梧。他头戴武士帽，上插公鸡毛；身穿蓝绸长衫，腰间佩带宝剑，似武士非武士，似书生非书生，不伦不类。他大步流星地走到孔子面前，豪声粗语地说："弟子仲由拜见老师！"

孔子吃了一惊，用疑惑的目光望着他，斥责道："你这样盛服在身，昂然如入无人之境，没有一点读书人的气质，成何体统！要知道江河之水出自高山，可是源头的水却很浅，到了中下游，情形就不同了，不乘大船，不避大风，就没法渡过去，这不是因为河水大的缘故吗？如今你华服盛装，目空一切，盛气凌人，还有人敢指出你的错误吗？"

仲由没有答话，低着头出去了。一会儿，又换了一身武士服走进来，拔出宝剑，在院子里舞了起来，看得出，他的武功颇深。众人正看得出神，他突然一个跨步，停住了脚，收起了剑，对孔子说道："古时候，凡是君子没有不佩剑自卫的。由听说老师的令尊大人就是一员虎将，至今倡阳城还有许多人交口称赞呢。老师身强体壮，为什么不学剑习武，继承祖业呢？"

孔子对他说："古时候，凡是君子都以忠为本，以仁为人，见到不善之人，就用忠信去教育他；遇到强暴横行之人，就用仁义去感化他。只要这样做了，就能得到好报的。何必要用剑来自卫呢？"

仲由认真地听着。

孔子接着说："我们说成汤讨伐夏桀，武王讨伐殷纣，都没有以剑自卫，还是照样征服了他们。这就叫以德服人。只有以德服人，才能使人心悦诚服。相反，以力服人，就很难使人口服心服。"

仲由听了，肃然起敬，低声和气地说："由今日幸得老师一席教诲，就好比久居暗室，忽然见了明灯一样，顿时心明眼亮了。请老师稍候，待我去换了衣服，再来拜见。"说着走了出去。孔子见他虽然粗鲁，倒也憨厚豪爽，心里非常高兴。

仲由第三次进来，换了一身儒服，目不斜视，行不晃身，斯斯文文，显得很庄重，一点武夫的样子也没有了。

孔子严肃地说："仲由，你听着，大凡喜欢吹嘘自己勇猛超群、不同一般，则一定是个逞强好胜、华而不实的人；那种时时处处总爱卖弄小聪明，喜欢做样子给别人看的，就是无能的小人。君子则是心怀坦荡的，从不装腔作势，知道的就说知道，不知道就说不知道；会做的就说会做，不会做就说不会做。这才是一个正人君子的品质啊。"

仲由恭敬地连声回答："弟子知道了！"

孔子从心里喜欢这个耿直、纯朴的学生了。

孔子的弟子多是纯朴之人。

颜回（字子渊），出生在一个没落贵族的家庭里，住在陋巷，箪食瓢饮，仍潜心致学。孔子曾经劝他出去做官，他说："回有郭外之田五十亩，足以给饘粥；郭内之田十亩，足以为线麻；所学于夫子者，足以自乐；回不愿仕也。"因此，深得孔子的喜爱。孔子称赞他"一个筐吃饭，一个瓢喝水，住在简陋的破巷里，人都受不了这种贫苦，颜回却不改他的欢乐。颜回的品质多么高尚啊！"并多次赞扬他"好学"，说"我只见他不断前进，从未停止过"，称他"不迁怒于别人，也不犯同样的错误。"也许正是因为他的朴实，才会有这些优良的品质，才会以德行著称于弟子之首。

子曰："礼云礼云，玉帛云乎哉！乐云乐云，钟鼓云乎哉！"（《论语·阳货篇》）

孔子说："礼呀，难道就是说的玉帛吗！乐呀，难道指的就是钟鼓吗？"这是孔子批评物质主义的话。"送礼"之风盛行，但是代替不了"礼"。礼是一种精神现象，不是金钱所能代替的。

《论语·八佾篇》载：

林放问礼之本。子曰："大哉问！礼，与其奢也，宁俭；丧，与其易[①]也，宁戚[②]。"

弟子林放向孔子问，礼的根本原则是什么？孔子说："这是一个很重要的问题。在礼上，与其奢侈，宁可节省；在丧事上，与其大兴铺张，不如过分悲哀。"

在这里，孔子指出了形式主义的存在。有些人只注重形式，铺张浪费，这是孔子所痛斥的。

孔子病了，病得一天比一天厉害起来。子路指使弟子们想以家臣的

① 易：治理。此指办事情很周到。

② 戚：内心悲哀。

名义预备丧事。后来，孔子的病又好了，说："仲由竟然那么虚伪，真是痛心啊！"尽管孔子曾经是大夫，但是孔子病时，已经不是了，办丧事就不该有家臣。子路这么做，可能只是为了表示对孔子的尊敬，但这不是实实在在的做法，所以遭孔子训斥。

颜渊死了，这是孔子最得意的弟子，在弟子们当中，他是德行最好、最有才能的。弟子们想厚葬他，孔子却说："不可以！"

今天，却有人以厚葬为荣，自诩"孝子"之举。曾在某地农村见一家处理丧事的情景，令人惊惑。兄弟二人为显示对老者的孝敬，不惜浪费大片土地，挖穴造墓，砍倒两棵大树做棺殓骨。宾来客去，张扬三天，不但花掉了多年的积蓄，还借债数千。

在某些地方，厚葬之风日盛。尤其是有些人，对长辈生前不尽力奉养，甚至虐待，而老人去世后，为洗不孝之名而大办丧事。人死如灯灭，祭祀长辈的供品再多，又有什么用呢？还不如在他们生前尽力奉养好他们。许多老人一生俭朴，也不愿儿女们花钱厚葬他们，只希望活着的时候，能受到儿女们的尊敬和服侍。丧事，只要能尽了哀思也就行了。

父母希望子女孝敬，父母更应该以身作则，尽力奉养长辈。言教不如身教。在家庭中，父母的行为对子女的影响是很大的。正如孔子所言："其身正，不令而行；其身不正，虽令不从。"(《论语·子路篇》)

节俭，不只局限于丧事上。在日常生活中，要培养节俭的生活习惯。在生活水平不断提高的情况下，更不能弱化节俭意识，追求奢侈，竞逞豪华是不应该的。

尤其应该指出的是，在家庭中，为孩子的花费应该适当。一方面，对孩子进行节俭教育，另一方面，却在为孩子大力支出，大量浪费，不但收不到任何教育效果，而且会使孩子也学会言行不一，只说不做，这对孩子是有害的。有一些独生子女家庭，一切支出都以孩子为中心，只要是与孩子有关的支出都在所不惜。营养食品、各种玩具、节日礼品、智力玩具等，这些支出都是巨大的。而孩子呢？因为有求必应，不求也有，根本不知道这些东西来之不易。他们随意丢弃东西，弄坏玩具，毫无爱惜之心，毫无节俭之意。这样，不但浪费了大量钱财，而且养成了孩子铺张浪费的劣习，实在令人担忧。有朝一日，他们的要求不能得到满足的时候，他们会怎样呢？不容怀疑，这是极其危险的。

也许，有些父母爱子心切，望子成龙，总担心自己的孩子耽误了发展，所以，很舍得花钱。好像只要花了钱，买了东西，孩子就能成才。这真是一种错觉，一种不切实际的行为。要让孩子学画，可以，要让他去“写生”，也可以，可是，他还不到3岁，恐怕连画夹怎样用都不知道，买来一个画夹又有何用呢？类似的超前投资，对家庭是一种损失，对孩子也是有害的。

要培养孩子的节俭意识，也不等于不要为孩子花钱，而是要掌握适度，花得适当。作为父母，自己也应该朴素、节俭。自己高消费，为孩子低支出，也同样是错误的。

可支配的收入多了，应该怎样消费？怎样才算是恰当的支出？这有一个原则。花了钱，有效果，受益多，就是恰当的；花了钱，但没有受益，甚至产生恶果，就是不当的。受益大，并不一定花钱多，有时花很少钱，可能会受益很大。而花很多钱，却不一定受益，或者受益甚微。这就是奢侈。奢侈是堕落的开始。孔子曾对他的侄儿孔忠说：“奢侈之风切不可行。世间有许多恶事都是奢侈引起的。”

《论语·述而篇》载：

子曰：“奢则不孙[①]，俭则固；与其不孙也，宁固！”

孔子说：“一个人，奢侈多了就会不谦逊，太节省又显得固陋；与其不谦逊，宁愿显得固陋！”

《论语·里仁篇》载：

---

① 孙：谦逊。

子曰："以约失之者鲜[1]矣。"

孔子说："因为节俭而犯过失的人是很少的。"教育我们的子女朴素节俭，也就是防止犯罪。难道我们愿意自己的孩子犯罪吗？

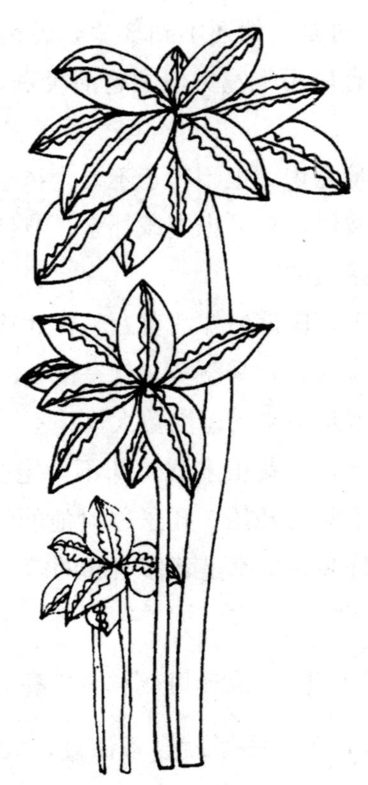

① 鲜：少。

四、仁者，其言也讱

——恭谨诚实

恭谨，是个人修养的一个重要方面。一个庄重沉稳的人，处处恭敬待人，谨慎行事，就不会遭人轻视。而言行轻浮的人，是免不了受人鄙视的。诚实也是一种美德，是为人处世最起码的要求。

《论语·颜渊篇》载：

仲弓问仁。子曰："出门如见大宾；使民如承大祭。"

仲弓向孔子问仁。孔子说："出门在外，对人要像对待贵宾一样十分恭敬，要用人的时候，对人要像做祭一样，心里非常敬重。"可见孔子要求弟子们恭敬待人。具体讲：

"居处恭，执事敬，与人忠。"

在家态度要恭敬，办事要严肃认真，对人要忠诚老实。

孔子最容不得不恭之人。

子曰："居上不宽，为礼不敬，临丧不哀，吾何以观之哉！"（《论语·八佾篇》）

孔子说："处于高位而不能宽宏大量，举行礼仪时不恭敬严肃，参加丧礼不悲哀，我怎么看得下去呢？"

子曰："恭近于礼，远耻辱也。"（《论语·学而篇》）

孔子说："恭敬虽然并不等于礼，却近似于礼，恭敬待人，人家就不会羞辱你。"在与人交往的过程中，恭恭敬敬地听人讲话，助人做事，才会得到别人的尊敬。一个人，如果总是自觉高人一等，盛气凌人，则会遭到别人的鄙视。这种人怎么能立足于社会呢？敬人者人恒敬之。从小培养孩子恭敬待人、谨慎处事是必要的。

司马牛问仁。子曰："仁者其言也訒[1]。"曰："其言也訒，斯谓之仁已乎？"子曰："为之难；言之得无訒乎！"（《论语·颜渊篇》）

司马牛问孔子怎样才算是仁。孔子说："仁人的言语都很迟缓。"司马牛说："一个人话说得慢，就算是仁了吗？"孔子说："做什么事情都是不容易的，话怎么能不慢点说呢？"

有些人有这样一个坏习惯，舌长话多，只空喊，不干事。更有甚者，讲话不经过头脑的过滤，讲完了，却不知讲了些什么，更不为自己讲的话负责。这样不谨慎，别人怎么会重视你呢？而且往往给自己惹来麻烦。还有些人，为了达到某种目的，花言巧语，夸大其词，也许会图得一时之利，可终究是会害了自己的。

子曰："君子欲讷[2]于言而敏于行。""古者言之不出，耻躬之不逮[3]也。"（《论语·里仁篇》）

孔子说："君子说话要慢，行动要快。""古人是不随便说话的，说了却做不到是可耻的。"为人处世，一定要做到诚实可信，言出必行，行必有果。这就要求人慎言重诺。轻率多言，受人轻视。而言行不一，

① 訒：迟钝。
② 讷：迟钝。
③ 逮：音 dài，及，到。

更会败坏个人的名声，使自己无立身之地于人群之中。所以，

子曰："久要不忘平生之言。"（《论语·宪问篇》）

孔子说："不论什么时候，都不要忘了你曾经说过的话，许过的诺言。"

可见，孔子非常重视教育弟子们诚实，要求他们谨言慎行。

孔子经常为弟子们讲《诗》。有一天，开始讲解《大雅》中的《抑》篇。当讲到"白圭[①]之玷[②]，尚可磨也；斯言之玷，不可为也"时，孔子异常兴奋，激动地对弟子们说："这是多么精巧美妙的格言啊！白玉无理，固然可爱，一旦弄脏了，还可以将污点磨掉；说话可就不同了，一旦说错了，办错了事，是没办法收回的。所以周公说，无多言，多言必败；无多事，多事多患。你们一定要记住，为人在世，务必谨言慎行！"

孔子也很喜欢谨慎诚实的弟子。

孔子认为，他的弟子南宫适谨言慎行，洁身自好，所以把侄女许配给了他。孔子也很了解颜回和子贡。颜回深沉、内秀、庄重，从不随便乱发议论；子贡（端木赐，字子贡）则擅长辞令，锋芒毕露，不够沉稳。于是就找了个机会教育他。

有一次，孔子对子贡说："我给颜回讲课，他从不提问，似乎像个笨人。可是，他回去用心思考，不仅能理解，而且能发挥，可见他并不笨。"子贡接着又问了孔子一个问题，得到解答后，甚是高兴，飘然欲去。

孔子喊住了他："端木赐啊，你要知道，君子不应该像器具一样，只有一个用途。"

子贡转身问道："老师，怎样才能成为一个君子呢？"

---

① 圭：音 guī，古代礼仪玉器。

② 玷：音 diàn。白玉上的污点。

孔子说："多做事，少发议论。把你心里想要说的事情，先做好了，然后再说出来，就可以算得上是君子了。"

这话击中了子贡性急、多言的缺点，子贡被激红了脸，说："弟子明白了。"

那么，是不是就不要讲话了呢？

子曰："辞达而已矣！"（《论语·卫灵公篇》）

孔子说："说话，能够足以表达意思就行了！"多余的，就是无用的，就是废话。

《论语·宪问篇》载：

子问公叔文子于公明贾曰："信乎夫子不言不笑不取乎？"公明贾对曰："以告者过也。夫子时然后言，人不厌其言；乐然后笑，人不厌其笑；义然后取，人不厌其取。"子曰："其然？岂其然乎！"

孔子向公明贾问公叔文子，说："他真的不言、不笑、不取吗？这是可信的吗？"公明贾回话说："那些人传说的太过分了。他在该说话的时候才说话，所以别人就不讨厌他的话；他在高兴的时候才会笑，别人就不讨厌他的笑；他在该得的时候才得到，别人也就不讨厌他所得。"孔子说："是这样吗？难道真的这样吗？这实在是令人难以置信，因为一般人是很难做到的！"

这段话，实际上讲了一个"慎言"的原则。讲话，是为了表达思想，交流感情的。当别人把话讲完了，要听你讲的时候，你才讲，别人才不会反感。如果不洗耳恭听别人的话，随意打断别人讲话，就会招人讨厌。要表达真实的思想感情，所以真正高兴的时候才笑，如果掩饰自己的真情，强装笑脸，别人也会讨厌的。

当然，"慎言"，"然后言"，并不是要人不讲话，不敢讲话，或者变得不会讲话。正相反，要从小培养孩子组织使用流畅优美的语言的能力，提高语言表达能力。但是，这决不意味着教孩子“能说会道”、“吹牛撒谎”、“乱发议论”。

《论语·雍也篇》载：

> 子曰：“质胜文则野；文胜质则史。文质彬彬，然后君子。”

孔子说：“一个人，如果实质胜过文采，就会显得朴野；文采胜过实质，就是虚有其表。如果能兼有实质和文采，表里如一，便是君子了。”

一个人态度谦恭，和言悦色，只是表面现象。只讲求外表雅致，不注重实质，是不可取的。对一个人的评价，最重要的是这个人的内在修养和品质是不是内秀。一个草人，给它配上一套华丽的衣饰，就能称为“仁人”了吗？不能的！

不过，恭谨并不等于拘束。教育孩子恭敬谨慎，是要求孩子自己约束自己的言语，自己规范自己的行为，而不是被动地接受父母的过多限制和过度约束。否则，会使孩子产生病态的逆反心理或抗拒行为。要分清“教育孩子谨慎”与“教导孩子害怕”的区别。尤其不讲道理的教训、恐吓，甚至打骂，容易使孩子产生恐惧感，变得忧郁，压抑，胆小怕事。

另外，也应避免过分保护孩子，让孩子受点挫折，得点教训，更有利于成长。要给予孩子社会活动的自由，锻炼孩子自己保护自己、自己照顾自己的能力。或者，父母经常带子女进入社会，参与社交活动，以提高孩子认识环境、判断环境、适应环境的能力。

比如，孩子参加一个同学的生日晚会，考虑到可能结束得较晚，提出要在同学家留宿。父母与其制止，倒不如答应。同时，可跟对方家长取得联系，就会保证孩子的安全的。

再比如，孩子要外出野营，父母要让他们自己打点行装，收带必需品，而不应代替包办。当孩子打点好了，父母可悄悄查看，是否忘记带必需品，然后再提醒。若是忘记带某种不太重要的用品，也不妨任其忘记。当孩子在外需用而不得用时，一时的不如意，会教会他们在以后的生活中更加严密，更加细致，更加认真地对待每一件事情。这就是成长。

做人，要恭敬待人，更要谨慎地对待自己，对自己的生活、学习、工作，都要严肃认真地对待，兢兢业业，任劳任怨。有些年轻人却做得不好，以一种玩世不恭、吊儿郎当的态度对待生活。对他人傲慢无礼，缺乏涵养，随意开玩笑，恶作剧，以戏弄别人为乐。有时故意“扮傻”，逗人一笑。有时男扮女装，穿上红红绿绿的衬衫，到处游荡，惹是生非。

在学校里也有这样的学生。比如，老师在课堂上提出了一个很严肃的问题，这个学生明知答不上来，却又不肯承认，还要胡乱编造一个似是而非、牛头不对马嘴的答案，抢先大声回答，引得全班同学哄堂大笑，让老师哭笑不得。这种既不尊重自己，又不尊重他人的态度，是非常有害的，既害了自己，也危害社会。

我们一定要教育孩子，严肃认真地做人，且不可玩世不恭、自暴自弃、游戏人生。特别是在感情问题上，更是玩不得的。孔子曾告诫弟子说：“见到德行好的人，就要向人看齐，见到德行不好的人，更要反省自己啊!”年轻人啊，人生是不能游戏的，否则将一事无成。把握住自己是重要的。

父母教育子女诚实，自己首先要诚实。对人要诚实，对子女也要诚实，言行一致。且说弟子曾参的一个故事。曾参的妻子因为儿子哭闹不停，就说：“别哭，给你杀猪吃肉。”曾参就要去杀猪了，妻子却不肯：“小孩子嘛，我随便跟他说的，何必那么认真。”曾参却说：“对孩子是不能随便说的，孩子全是跟父母学样，现在骗他，就是教他欺骗。母亲骗子，孩子不信任母亲。以后孩子就会骗别人，也不信任别人。最终会使孩子不诚实的。”结果还是把猪杀了。

现在的父母能做到这样吗？许多小孩子撒谎，难道他们自己天生就会吗？

诚实的人，对人诚实，对自己也要诚实，不能自欺欺人。孔子去看望在邹邑为官的侄儿孔忠，也遇到侄女孔无加。当他看见无加头上高高的发结和碧玉簪，便板起了面孔，不高兴地说："无加，南容（无加之夫南宫适，字子容）丧母只有百日，你在服丧期间，一不可将发结挽得如此高，二不可插碧玉簪。"

无加说："侄女在家中未曾挽高发结，也是用木簪束发的。只是昨日来邹邑后，才这样的。"

孔子耐心地对她说："人生在世，以诚实为贵。服丧期间，不管走到哪里，都应该始终如一。"

无加说："侄女知道了。"并改正了。

有错必改，勇于纠正自己，也是诚实的表现，有的父母也许是为了维护自己的尊严，也许是为了保住自己在孩子心目中的威信，不能正视自己的错误或缺点，明明知道自己错了，却不敢承认，不加改正，顽固地坚持错误。这样对孩子的影响也是不好的。

子曰："过而不改，是谓过矣。"（《论语·卫灵公篇》）

孔子说："犯了错误而不改正，这才叫错误啊！"

"过则勿惮[①]改。"（《论语·学而篇》）

错了就不要害怕改正。

孔子尚能在自己的弟子面前承认错误，并且是在出名之后。我们这些凡夫俗子还有什么可顾忌的呢？请看下面的故事。

孔子师徒被楚国大将申功（字子功）接往楚国的路上，经过叶城时，拜见了叶公沈诸梁（字子高）。

---

① 惮：害怕。

叶公向孔子问："一个过于正直的人，他父亲偷了人家一只羊，他竟然向丢羊的人家告发，使他父亲受了官司。这个人是不是不孝呢?"

孔子脱口说道："是不孝！父子有一种特别亲近的关系，父亲应该为儿子隐瞒一些事情，儿子也应该为父亲隐瞒一些事情。这样，才是正直的。"

他的弟子子路听了以后，很不服气，不自觉地摇了摇头。坐在他对面的子贡，不停地向他使眼色，他才没说什么。

晚饭后，他来到孔子的房间，生硬地说："老师，你对叶公说的是心里话吗?"

孔子也没有在意，说："是心里话。"

子路质问道："不管做了什么事，父亲都为儿子隐瞒，儿子为父亲隐瞒，还有什么是非可言？还有什么诚实可信?"

孔子愣了好久，才醒悟道："仲由啊，你才是个真正的正直人啊！我有了错误，你能恰当地指出来。我的话是错的!"

过了几天，子路找到叶公说："先生，我老师那天对你说的话有些不对，他特意让我来向先生说明。"遂向叶公说明。

叶公听后，无限感叹道："孔子，真乃圣人也！有错必认错，有错就改错。真乃圣人也。"

父子之间应该真诚相待，也应该以同样的真诚对待别人，当父母错了的时候，孩子意识到了，那就应该指出父母的错误，父母也应该自觉地改正。孔子尚能做到，我们岂能放任自己。子女指出父母的错误，是诚实的；父母改正自己的错误，也是诚实的。否则，还有什么诚实可言呢？从这个意义上讲，家庭教育，不但是父母对子女的教育，而且也包含了子女对父母的"再教育"，两代人之间是相互影响的。这种影响，既有积极意义，也有消极作用。

例如：父母亲不孝敬自己的父母，孩子也会步其后尘。或者，孩子对爷爷奶奶的感情很深，通情达理，对父母亲不孝敬老人的行为会表示不满，会有意识地疏远对父母亲的感情。父母亲觉察到这种情形后，受到影响，或者悔悟，也许会改变对老人的态度，尽心尽力地敬养老人。至于在一个家庭中，这种相互影响作用会产生怎样的结果，决定于这个家庭中的伦理道德观念，而这种观念的形成，决定于家庭中的教育。人人真诚，家庭才能和睦。人人真诚，社会才有秩序。

儒家经典四书之一——《大学》，共分八个条目：格物、致知、诚实、正心、修身、齐家、治国、平天下。

所谓“平天下”，并非指“统治天下”，而是指让天下人都充分表现出高尚品质。要达到这种境界，就必须正确地治理国家；要治理好国家，就必须首先治理好家庭；要治理好家庭，就必须首先端正自身；要修身，就要保持有一颗正直之心；要正心，就要做到不自欺欺人，言行一致，即要诚实。

五、己所不欲，勿施于人

——克己让人，恪守公德

《论语·颜渊篇》载：

颜渊问仁。子曰："克己复礼为仁。一日克己复礼，天下归仁焉。为仁由己，而由人乎哉？"

颜渊曰："请问其目。"

子曰："非礼勿视，非礼勿听，非礼勿言，非礼勿动。"

颜渊向孔子请教为仁之道。孔子回答说："克制自己，循礼而行，就是仁了。一个人能够做到这一点，那么，人们就会认为他是个仁人了。为仁，取决于自己，要靠自己去做，而不是从别人那里得来的。"

颜渊又问："包括哪些方面呢？"

孔子说："不合礼的不看，不合礼的不听，不合礼的不说，不合礼的不做。"

克己复礼，克制自己的什么呢？用现在的话说，就是控制自己的情绪，避免冲动而发生违礼的行为；克制自己的私心、私欲，避免贪心、多欲；克服自己的缺点和不良行为而改正之。

人是动物，有其自然本性，有时是难以控制的；人活在世上，有时也会因为受气而失控。任凭感情的发泄是容易的，可是放纵自己是太不应该了。我们如果不能克制自己，就做不成任何事情。

比如说，人有贪玩的天性。可是，一个学生，如果只知道玩，就学不好功课，只有自己约束自己，战胜自己，把玩的时间用来学习，才能学到知识。可见，克制自己，是成就一切事业的必要条件。

我们常常勉励自己，要有恒心，有毅力，持之以恒。我们也常常用同样的话来教育和鼓励子女的学习或工作。要做到持之以恒，就必须克制自己，决不放松追求。要达到这个目标，需要克服许多困难，需要经得住许多事物的诱惑。要学习，就要花费一些时间，牺牲一些娱乐和休息。当别人邀请你去看电影的时候，你去不去，这就取决于你自我克制的能力如何。凡人常有这样的毛病，一时心血来潮，对某事物产生兴趣，可是过不了多久，就放弃了，收获甚微，或者毫无收获。

常见同事朋友中有人初学书法。开始兴趣盎然，买来笔墨纸张，还有字帖，每天定时习练，倒也认真。可是，过不了十天半月，那纸张笔墨却被置之角落里了。问其原因，答曰，太没意思了。

学期开始，许多学生立志进步，拟定宏伟而严密的计划。早起读英语，晚睡前背史地，电视只看新闻。两三个星期，可能做得很好。慢慢地，早上起不来了，晚上也靠不住了。功课，明天嘛。就这样，有头无尾，怎么会进步呢?

《论语·子路篇》载：

子曰："南人有言曰：'人而无恒，不可以作巫医。'"

孔子说："南方人有句话说：'一个人如果没有恒心，那他连巫医也做不了。'"这话实在太对了。

我们想一想孔子的一生。孔子3岁丧父，少年受贫，可是矢志好学，从未懈怠，终成有大学问者。孔子为恢复周礼，历经磨难，却始终未放弃自己远大的理想。孔子为什么"明知不可为而为之"，就是因为有坚定的信念和执着的追求。一个人要学好，要进步，要成就，就必须下决心，就得有信心，有恒心，有毅力，不断努力，才能达成。有道是，“有志者事竟成”，这“志”必须是“恒志”才成。

且说孔子在鲁国为官期间，曾带弟子游石门山。下山后，师徒几人都很饿了，就来到附近一家农舍付钱借餐。老农非常热情地接待了他们。可是，那餐具又黑又脏，那粗米怪味难闻。然而孔子还是很痛快地吃了下去。

离开农舍，一个弟子问孔子：“老师，你曾说过，食不厌精，脍不厌细。刚才那老农的饭，你怎么能吃下去呢?”

孔子回答说：“是啊，确实难吃。不过，那老农情真意切，待我们十分热忱。我们怎么能伤他的心呢?”

可见，孔子为了一个老农的欢心，多么克制自己啊！宁愿为难自己的胃口，约束自己的行为。

人与人相处，总会有矛盾，有时会有利害冲突。怎样对待他人?要让人，要容忍他人的存在，让他人拥有自由。要让利于他人，或者至少不侵占他人的利益。不能因为一点小事，或一点小利，而互不相让。只有互敬互让，才能和谐相处，其乐融融。

子曰：“放[1]于利而行，多怨。”（《论语·里仁篇》）

孔子说：“一个人如果只依照个人利益去做事，必有害于他人，从而招致很多怨恨。”

比如，乘公共汽车。等车的人，希望车早点来到，希望车停下来，希望能上去。上车以后，就希望有个座位，能坐下。“后面还有空，往后走嘛，”车下的人说。车上的人却说：“还上，挤死人了！”人由于不能克制自己，表现得不容忍，不让人，自私自利，只为个人

① 放：同仿，音 fǎng，依照。

着想。这就必然会导致矛盾。如果每个人都能克制一下，替别人想想，那可能是另一番情形。车上的人会主动挤一下，空出位，让车下的人上来；车下的人如果不是太急，也可以等下一班车，照顾一下车上的人不至于挤得太难受。这算不上不公平吧！如果连这点小事都不能忍让，那么，怎么能忍受耻辱呢？

且说孔子师徒在周游列国的路上，曾几次被来历不明的兵马无故围困，真是无理！而孔子师徒却忍了。在匡地，他们被围了五天，只能靠挖点野菜充饥。就是在这种情况下，孔子还是让弟子去交涉一番，仍无结果。万般无奈，最后才趁黑夜冲了出去。

今天，我们的孩子们，一点怨都受不住，一点苦都吃不得。有的父母甚至不敢教训子女，更甚者，父母要受子女的教训以至打骂。父母欠子女什么？欠教育。有些孩子一直受到父母的溺爱，从未受过委曲，从未吃过苦头，更没有得到正确的道德教育。所以，他们的自制力差，忍耐力差，适应性差。当一件事情不符合他们的心愿时，他们便会做出强烈的反应，以满足自己的要求而告终。

在街上，经常看到年轻人互不相让，大动干戈。因为他们的自制力太差了。究其原因，他们没有受过良好的教育，缺乏个人修养，不能克己让人。试想一下，如果我们的孩子，人人如此，只从个人出发，全然不顾他人，社会还有什么公德可言。没有公德，人与人相处就没有和谐，社会就没有稳定的秩序。

请看孔子师徒何以让人。

且说孔子师徒离鲁前往卫国，师徒数十人驾车赶路，到了卫国都城帝丘东门外时，有一顽童挡路。孔子命弟子停车，下车走到童子跟前，和声问道："你这童子，为何挡住我们的去路？"

那童子不但不答话，反而神气十足地反问孔子："为何分不清是非呢？"当他知道面对的是孔子时，又说："久闻孔子是位无事不懂的圣人，怎么会不通情理呢？”

孔子又问那童子：“请问我怎么不通情理？”

童子指着脚下的大路说：“你看，我在这里摆了一座城。请问夫子，应该车让城、绕道行呢，还是城让车、搬掉城呢？”

孔子低头细看，果然有一座用湿土筑成的小小的城池，再看那童子，他的神情更得意。孔子自语道：“果然是座城，应该车让城，绕道行。”遂命弟子把车绕道旁边赶了过去。

那童子赞叹道：“果然名不虚传，的确是位读书循礼的圣人。”

若以成人的观念看，此举也许荒唐。可是，孔子面对的是天真的童子，他不愿扫那童子的兴，伤那童子的心。此举也是对童子尚未成熟的伦理观念的承认和再培养。可见孔子克己让人，用心良苦。

《论语·子罕篇》载：

> 子见齐衰[①]者，冕衣裳[②]者，与瞽[③]者：见之，虽少必作；过之，必趋。

意思是：孔子看见穿着丧服的人，居高位的人和盲人，即使他们年纪很小，孔子也一定向他们表示以礼；如果从他们眼前经过，也一定快步（古人走路经过别人面前时，以快步为敬）。

今天的年轻人，想一想，如果大模大样地走过尊长面前，也是很没有教养的行为。

社会公德要由大家来维护，来遵行，社会才会井然有序。可以说，中国人的社会意识和公德观念不够强，没有对孩子进行在社会上怎样做人，怎样讲究公共道德的教育，所以孩子没有公德观念。由于

---

① 齐衰：丧服。

② 冕：冠；衣：上衣；裳：下服。此处象征贵人的套服。

③ 瞽：瞎眼。

父母缺乏公德修养，自然而然地又养育出不懂得社会公德的孩子来。

例如，在公共汽车站，车刚到站，人们就蜂拥而上。这时，有个小学生模样的男孩子抢先冲了上去，并伸展开双臂占据了四个人的座位。然后，让他的父母亲坐下，还空一个座位，父亲就把行李放在上面塞住。车上很多人还站着，他母亲却在赞扬儿子的英勇机智："我的宝贝，只要有你，我们就有座位了，你真是好样的!"

请想一下，教给孩子的是什么呢？

在一个公园里，当游人提醒那个小孩不要损坏那些盆花时，站在旁边的母亲竟向游人提出抗议："多管闲事！你无权干涉人家的孩子嘛!"看来这位母亲是要给孩子充分的自由。可是，既然你想到"权利"，那么请想一下，你的孩子有权损坏他人要欣赏的盆花吗？

在电影院里，放映已经开始，几个年轻人大摇大摆地过来过去，是来晚了，在找自己的位置。影响了后面的观众，却好像理所当然，无可非议。

这不是犯罪，但这是可耻的。

各人有各人自由，他人不能干涉，买了电影票，即使不去看，也是自己愿意。可是，你的自由不应该妨碍他人的自由，你的权利不应该侵犯和损害他人的权利。你占据了车上的座位，别人就不能坐了；园林师傅辛辛苦苦培植的盆花被你损坏了，别人就不得欣赏了；你在影院里晃荡，就会影响别人的视听效果。这实际上已经侵害了他人的权利，别人就有权向你提出抗议或加以阻止。

仲弓问仁。子曰："己所不欲，勿施于人。在邦无怨，在家无怨。"（《论语·颜渊篇》）

仲弓向孔子请教为仁之道。孔子说："凡是自己不希望别人加在我们身上的事情，我们也不要加到别人身上。无论在什么地方，都不要怨恨人，也不要使人怨。"时时处处，都要设身处地地为别人想一想，看一看你的行为是不是合理的。所谓合理，就是不要侵害别人的权利。

《论语·雍也篇》载；

子曰："夫仁者，己欲立而立人；己欲达而达人。"

孔子说："自己要立，也要让别人立；自己要达，也要让别人达。"不能因为自己的愿望，而影响了别人的愿望。你要生，也要让别人生，你要活，也要让别人活，你希望愉快，也要让别人愉快。要知道，你有什么样的要求，别人也有同样的要求。不能因为你活着，别人就不能活。只顾自己，不顾他人，就是违犯社会公德的。

记得台湾女作家三毛写的一本书，其中讲到中国旅游团在国外的令人脸红的所为。可能是旅行快要结束了吧，就到一家餐馆大吃一顿。餐馆环境优雅，有一些客人在用餐，也很宁静。我们这些中国人进去了，可就不同了，吵吵嚷嚷，无拘无束，旁若无人，餐馆的气氛马上就"热闹"了起来。待到吃饭时，还是轰轰烈烈。一会儿，又开始猜拳行令。起初，外国朋友大惑不解，好奇地望过来。当他们了解到是怎么回事时，投过来的便是鄙视的目光了，甚至有人愤然离去。真为国人感到脸红！可悲啊，我们代代相传，为什么这些劣迹竟没有传丢呢？愿我们再不要把这些劣迹传给我们的后代了吧！

看来，我们"嘴巴"上的公德实在太差。要知道，孔老夫子是"食不言、寝不语"的。更令人愤慨的是，有些人特别关心别人的私生活，专讲人的坏话。这种虽然往往是"窃窃私语"，可比那些"嚷嚷噪音"更为可怕，对别人的伤害更为严重。例如，从某某人那里听来一句小道消息，经过发酵以后，便进行再传播。这种人言实在可畏，它会伤害人心，影响人的声誉，甚至会剥夺这个人的生命。难道我们不懂得侵犯别人的隐私权是违法行为吗？人，应该正直、善良、爱人，为什么要伤害别人呢？

传说孔子的弟子冉雍的父亲是个德行不太好的人，子路对此是知道的，却从未告诉孔子。后来，孔子知道了，就追问子路为什么从未向他讲起那人。子路认真地对孔子说："弟子觉得，君子应该扬人之长，不应揭人之短。"

孔子高兴地赞扬说："此言甚对!"

孔子时代的鲁国，有一个偏远的地方，被称做互乡，以风气不好而闻名。

一天，一个来自互乡的童子，遵父命前来向孔子求教，却被当时为官的孔子的衙役拒之门外。

孔子知道后，认为这个孩子遵父命来求学，是个既孝顺又聪慧的人，就见了他，并且印象很好。

过后，他的弟子提出疑问："老师，互乡之人不可理喻，别人都躲着他们，你怎么还见他呢?"

孔子说："这童子愿意改好，我们就该帮助他。君子成人之美嘛!我们应该学习河水的品质，既能保持自身清洁，又能为他人洗刷污垢。"

现代社会中，有些人却不是这样，不但不"成人之美"，反而"成人之忧"、"乘人之危"。这才真是"不可理喻"之徒。

试想一下，我们的孩子跟谁学会骂人的，跟谁学会骗人的，又是跟谁学会议论别人的？难道不是从尊敬的我们这里学来的吗？

在某地一个初级中学里，曾发生过这样的事情：一个班的副班长是一个品学兼优的女孩子，却弃学了，几乎同时，班长（是个男生）出走了。班主任老师经过多方调查，终于知道是另一个男生搞的鬼。那是个自尊心很强的孩子，因为班长讲了他几句，便寻机报复。他在同学中散布班长和副班长的所谓"秘密"，使得全班同学对这两个少男少女议论纷纷。女孩子无脸见人，因而退学。男孩子心中愧疚，难以解脱，因而出走。其实，他们两人之间根本没有任何“秘密”，甚至平日交往都很少，却无故受害。

子曰：“道听而途说，德之弃也。”（《论语·阳货篇》）

孔子说：“听到不可信的传闻，却到处传播，这是背弃道德。”对后代的社会道德教育，是绝对不能忽视的。

六、每事问，是礼也

——谦虚好学，为仁之道

《论语·颜渊篇》载：

子张问崇德辨惑。子曰："主忠信，徙[①]义，崇德[②]也。"

子张向孔子请教如何增进德行。孔子说："一切言行以忠信为主，知道好的道理就去学，就可以增进德行。"

孔子认为，学，不仅指学习知识，更重要的是学习为仁的道理。学，是加强修养、完善自我的唯一途径。

子曰："吾尝终日不食，终夜不寝，以思，无益，不如学也。"（《论语·卫灵公篇》）

孔子说："我曾整天不吃饭，整夜不睡觉，用来苦思冥想，却无收获，不如学受益多呀。"

孔子从小就喜欢学习，对学习产生了浓厚的兴趣，而且养成了不懂就问的好习惯。有一次，当地举行祭祀活动，庙门内外挤满了看热闹的人，孔子也挤在这些人当中看祭祀活动。当看到乐生手操乐器，集中在

① 徙：音 xǐ，迁移，靠近。
② 崇德：增进德行。

大殿的飞檐下，舞生排着六行，每行八人，左手拿雉尾，右手拿箫管，在用金、石、丝、竹、匏、土、革、木等材料制成的各种乐器的伴奏声中，翩翩起舞时，对为什么用这种形式来祭祀周公，感到不明白。当祭祀活动结束后，孔子便快步走到赞礼官面前寻根问底："请问先生，这舞蹈为什么非用六佾舞不可呢?"赞礼官很赏识他的好学精神，便说："八佾舞是天子的专用舞蹈，六佾舞是诸侯的专用舞蹈，周公受封于鲁，是诸侯，自然应用六佾舞了。"孔子又问："照理讲，周公助武王，辅成王，治国安邦，其功绩不在武王之下，为什么不可以用八佾舞呢?"赞礼官答说："周公虽然德范生民，功极天地，但他一天也没有做过天子，是万万不可用八佾舞的。周成王鉴于他对周朝的贡献，曾下诏特许他用八佾舞。但他认为不符合礼仪的规定，坚决不同意。所以周公不用八佾舞，正符合他所主张的礼呀!"孔子接着又问了些有关祭祀的问题，赞礼官都一一耐心地作了回答。孔子深施一礼道："多谢先生，晚辈打扰了。"说完，很有礼貌地转过身，走出了庙门。

孔子的这一举动，当时受到了许多人的议论。《论语·八佾篇》载：

子入大（tài）庙，每事问。或曰："孰谓鄹人[①]之子知礼乎？入大庙，每事问!"子闻之，曰："是礼也!"

意思是说：孔子进入太庙，对每一件不十分明白的事都向人请教。有人便说："谁说鄹人的儿子懂得礼呀？他进入太庙，每件事都问!"孔子听到这话后说："这就是礼呀!"

我们在社会交往中，常听到有人责怪孩子："这孩子东问西问，真不懂事!"其实，这不是孩子不懂事，是孩子对事物的好奇心和求知欲的表现，我们应该为之高兴，耐心地为他解释他所提出的一切问题。

孔子好学，而且谦虚。孔子主张"学无常师"。任何人都有自己特有的优点，那么，任何人都可以成为他的老师。孔子曾向师襄学琴，向

① 鄹人：孔子的父亲。鄹，地名，孔子的家乡。

老子学礼，向苌弘学乐，还曾向郯子请教以鸟名作为官名的道理，向采桑女寻问串连九曲明珠的方法。

子曰："三人行，必有我师焉，择其善者而从之，其不善者而改之。"(《论语·述而篇》)

孔子说："有三个人一起走，那也一定有我的老师。哪一位好，我就向他学习，哪一位不好，我就可以改正类似的缺点。"

孔子的弟子们也多是谦虚之人。

《论语·子张篇》载：

叔孙武叔语大夫于朝曰："子贡贤于仲尼。"子服景伯以告子贡。子贡曰："譬之官墙，赐之墙也及肩，窥见室家之好；夫子之墙数仞，不得其门而入，不见宗庙之美、百官之富。得其门者或寡矣，夫子之云，不亦宜乎！"

曾国大夫叔孙武叔在朝廷对大夫们说："子贡比孔子更好些。"子服景伯把这句话告诉了子贡。子贡就给他打了个比喻说："人的学问好比宫墙，我的这道墙只有肩头这么高，人们从外面就能够看见墙内的一切；我老师的这道墙有好几仞高（一仞八尺），如果找不到它的门，进不去，是看不到墙内的美丽、丰富的一切的。而能够找到这个门的人可能很少。所以，武叔所说的话，也并不是不合理的。"

子曰："十室之邑①，必有忠信如丘者焉；不如丘之好学也。"(《论语·公冶长篇》)

孔子说："即使在一个很小的范围内，也一定有生来就像我这样诚实可信的人，如果那人比不上我，也只因为他不像我这样好学吧。"

"满招损，谦受益。"一个人态度谦虚，自然容易引起别人的好感，

① 邑：区划名；十室之邑，指很小的区域内。

而有机会得到别人的教诲，从而使自己不断进步。

> 子曰：“君子食无求饱，居无求安；敏于事而慎于言，就[1]有道而正焉：可谓好学也已。”（《论语·学而篇》）

孔子说：“一个人，如果不以吃饭吃得饱、居住舒适为要求的目标，对自己该做的事情尽力去完成，讲话又谨慎，再到有道德、有修养的人那里去求教，这样，就可以说是个好学的君子了。”

《论语·阳货篇》载：

> 子曰：“由也！女闻六言六蔽矣乎？”对曰：“未也。”“居，吾语女。好仁不好学，其蔽也愚；好知[2]不好学，其蔽也荡；好信不好学，其蔽也贼[3]；好直不好学，其蔽也绞[4]；好勇不好学，其蔽也乱；好刚不好学，其蔽也狂。”

孔子说：“子路啊！你听说过六种弊病吗？”子路回答说：“没有听说过。”孔子说：“来，坐下，我告诉你。好仁而不好学，就会显得愚蠢；好知而不好学，就会显得放肆；好信而不好学，就会容易轻信上当；好直而不好学，就会显得性急；好勇而不好学，就会带来混乱；好刚而不好学，就会显得狂妄。”

看来，不学是难以至礼成仁啊！

---

① 就：接近。
② 知：同智。
③ 贼：害。
④ 绞：尖刻的语言。

七、知其不可而为之

——孔子对礼的执着追求

孔子所处的时代，是一个特别动乱的时代，群雄争霸，战火不断，国无宁日，民无宁日，孔子也深受其害。在那样一个臣弑其君、子弑其父的“人伦之大变”的年代，孔子殷切盼望有一个“大道之行也”的“太平盛世”。孔子“以天下为己任”，怀着一种强烈的使命感，执著追求着他的理想——恢复周礼。

从设教讲学，到从政为官，再到周游列国，最后著书立说，付出了一生。可是，一个人想改变天下，谈何容易。所以，最后竟成了一个“知其不可而为之”的人。

然而，孔子不屈服命运，不屈服现实，沿着自己选定的方向，艰难地迈进。

《论语·里仁篇》载：

子曰：“朝闻道，夕死可矣！”

孔子说，“如果早上追寻到了真理，就是晚上死了也心甘情愿。”可见孔子为天下万民忧乐而探求真理的一片苦心。孔子为了自己所追求的事业，甘愿奉献出一切，乃至生命。

且说孔子师徒在匡地被困数日，身处危难，弟子们很担心孔子的身体。孔子为了激发弟子们的情绪，坚定信念，讲了这么一段话。

曰，“文王既没，文不在兹乎！天之将丧斯文也，后死者不得与于斯文也！天也未丧斯文也，匡人其如予何！”（《论语·子罕篇》）

孔子说，“周文王去世以后，世间的一切文化传统不是都继承在我们身上了吗？老天如果打算废弃这些文化，就不会让我们掌握了；老天如果不打算废弃这些文化，那么，这些匡人又能对我们怎么样呢！”危难中，孔子对自己的追求仍充满了自信。

然而，孔子的所为却被一些人误解，甚至受到人们的嘲讽。

微生亩谓孔子曰，“丘何为是栖栖者与？无乃为佞乎？”（《论语·宪问篇》）

微生亩对孔子说，“丘，为什么这样栖栖皇皇，莫不是想卖弄口舌去讨人家的好吧？”

孔子不理采这些干扰，仍循礼而行。

《论语·八佾篇》载：

子曰：“事君尽礼，人以为谄也！”

孔子说，“一个人恭敬地依礼事君，人们却以为这是向君谄媚！”

今天，这种情形也是很多的。我们的孩子也许品行较好，很有礼貌，时时处处严格要求自己，谨慎地约束着自己的行为。本来这是应该得到赞扬的，可是，却被同伴们戏笑为“不潇洒”。我们的孩子积极参加集体劳动，被讥讽为“假积极”。孩子们的感情是比较脆弱的，也许经不住这种“恭维”，而放弃了对自己的要求。因此，作父母的对孩子要进行经常性教育，鼓励他们严格要求自己，不要屈从于人们的非议，不要屈服于环境的压力，自强自胜，矢志求礼。

孔子对他人的非议毫不在乎，对自己的失意和面对的艰难也毫不担忧，无所畏惧。他担心的只是自己的行为是否符合自己的信念，是否促进了自己的德行修养，是否有利于自己讲学习礼。正如孔子自己所谓：

"德之不修，学之不讲，闻义不能徙，不善不能改，是吾忧也。"（《论语·述而篇》）

孔子说："德行得不到修养，学问不能够讲授，听到正义的道理不能很好地去做，自己有了不良行为得不到及时指教和改正，这些都是我所忧虑的。"

正因为有了这样的忧虑不安，才促使自己时刻不忘自己的追求，检查自己的行为，约束自己的行为，使自己的一言一行都符合理想的要求，尽最大努力不出现偏差。可是，绝对的正确是不可能的。那么出现了差错怎么办？改正之！

子曰，"过而不改，是谓过矣！"（《论语·卫灵公篇》）

孔子说，"一个人如果犯了错误却不改正，那才是真的错了。"

错了，只要改正，就可以继续前进，继续追求。

《论语·宪问篇》载：

子击磬①于卫。有荷蒉②而过孔氏之门者，曰："有心哉！击磬乎！"既而曰："鄙哉！硁硁③乎！莫己知也，斯已而已矣。深则厉，浅则揭④。"子曰："果哉，末之难矣！"

孔子和弟子们来到了卫国。有一天，孔子正在敲磬。有一个人挑着草筐，从孔子门前经过，并且说："真有心呀！敲磬的人！"过了一会儿，又说："太固陋了！硁硁的！没有人了解，自顾自也就行了。水深就趟过去，水浅就揭起衣服过去。"孔子却说："可真果断啊！如果能这样，还会有什么难处呢。"

正因为艰难，才需要付出巨大的代价。我们生活在这个世界上，就

① 磬：音 qìng，石制乐器。

② 荷蒉：挑着担子。

③ 硁硁：音 kēng，敲打石头的声音。形容浅薄固执。

④ 厉：穿衣过水；揭：撩起衣服过水。

要让世界更美好。请看孔子所说：

“我们不可能与鸟兽为群，我们只有和人类在一起，生活在这个世上。如果天下太平，我是不会改变它的!”

子曰：“三军可夺帅也，匹夫不可夺志也。”(《论语·子罕篇》)

孔子说：“三军的统帅可以被人俘去，可是，一个人的志向是不能为人强迫而改变的。”

第三篇　性相近也，习相远也

——孔子论学习

孔子的一生是教书育人的一生，也是自修自学的一生。

孔子3岁丧父，少年贫贱，只进过三年学堂，没有受到正规的教育。可是，我们知道，孔子是一个很有学问的人，精通礼、乐、射、御、书、数，天文地理，风土人情无所不知，尤其精通历史，在社会活动中常常借古喻今，明辨世事。由于他知识渊博，才华出众，被世人称为"无事不知、无事不晓"的圣人。

孔子的学问是怎样得来的？是学来的。

孔子的母亲出身书香门第，受过良好教育，是一个守礼仪、有知识的人。她很重视对子女的教育，孔子的哥哥很小就开始向母亲学习识字和数数，这也引起了孔子对学习的兴趣，从而开始接受启蒙教育。孔子的母亲是一个懂得教育方法的好老师，她注重培养孔子的学习兴趣，寓教于乐；也注重让孔子多想多问，这对孔子的谦虚好学有着重要的影响。后来，又教孔子学习各种礼仪和技艺，使他既懂得国家政治大事，又学会一些实用本领。

孔子长大后和哥哥一起进了学堂，学习了三年。孔子觉得在学堂学的太少，母亲便把他送到了外祖父家，向外祖父学习。孔子的外祖父也是个有真才实学的人，他见孔子有追求，又聪明，便给他讲授一些历史知识和政治思想，并鼓励他做个德才兼备的君子，将来报效国家。

良好的启蒙教育，为孔子后来的学习打下了坚实的基础。再加上孔子成年后矢志求学，不耻下问，学而不厌，才掌握了渊博的知识。这就是促成孔子有大学问的两个主要因素。可见家庭启蒙教育，对一个人的学习与成才有相当重要的影响。

有一些父母也很重视对孩子的培养，并且从学前教育开始，在孩子身上下功夫。可是，有许多家长教子无方，所以效果不佳。

记得有一位教育家说过："兴趣是最好的老师。"所以，首先要培养孩子学习的兴趣，只有愿意学了，才会学有所获。怎样培养呢？孩子都贪玩，就从玩乐开始，在娱乐过程中，让他们认识一些新的东西，从中得到乐趣，慢慢引导，他们就会产生一种欲望，总想见到新东西，知道新东西。这就是求知欲。

如果不顾孩子的兴趣，强迫孩子停止玩耍，去学识字，他的心思还在玩上，怎么能识得字呢？可是父母望子成龙心切，总是逼着孩子学这学那，孩子不从，就吓唬或打骂孩子，这样不但培养不成孩子学习的兴趣，反而造成孩子的反感或厌学，既不利于孩子以后的学习，也不利于孩子的身心健康。

培养孩子的学习兴趣是重要的，同时还要让孩子养成自学的习惯，加强自我约束能力。开始父母可以和孩子一起学习，互相提问、启发、纠正。待孩子安心以后，父母再离开，这样循序渐进，直到孩子能够自觉地坐下来，自己学习。当孩子有进步时，及时加以鼓励。这样孩子就会逐渐形成习惯的。

由于孔子的博学多艺，当时很多好学之士都仰慕他的学识，纷纷向他求教。于是，孔子开始招收学生讲学。相传他的学生有三千多人。孔子非常重视教育。他认为，要提高人的品质修养，根除社会的混乱，教育是最切实可行的途径。

《论语·为政篇》载：

子曰："性，相近也；习，相远也。"

孔子说："人的天性是相近的，由于环境的影响和教育的不同，人和人便有很大的差别了。"教育可以改变一个人，可以教人变好，也可以教人变坏，这就是教育的作用。所以孔子倡导"有教无类"，任何人都可以接受教育，任何人都应该接受教育，在孔子的弟子中有不少是平

民子弟。

人的天性也包括人的聪明程度。人的脑力是相近的，是几乎一样聪明的。但是，有人好学，会学，学而不厌，获得了很多知识，变得更聪明。而有的人却不肯学习，又不会学习，因为没有知识，所以显得愚笨了。孔子是多么有学问啊，他自己却否认自己“生而知之”，认为自己的知识是努力好学得来的。只有学习，才能增长智慧。人有学与不学之差别，所以人也就有了有知和无知的差别。

孔子是一个勤奋好学的人。他“十有五而志于学”，不耻下问，学无常师。相传他曾问礼于老聃，学乐于苌弘，学琴于师襄。他一生都在如饥似渴地追求知识。即使到了晚年，仍然“发愤忘食，乐以忘忧，不知老之将至”。真是活到老，学到老。

孔子又是一个具有求实精神的人。他主张“知之为知之，不知为不知”。他虽有很深的学问和很高的名望，但仍虚怀若谷，谦逊待人。他承认自己是“非生而知之，好古敏以求之者也”。他从不认为自己一贯正确，而且有错必改。当他听到别人的批评时，高兴地表示“丘也幸，苟有过，人必知之”。

孔子治学严谨，总结出了许多学习经验，至今仍给人以启迪。

在教学过程中，孔子主张因材施教，即根据学生的个性特点和不同水平，采用不同的教育方法。孔子教学的内容也是很广泛的，既有书本知识，又有各种社会知识，还有许多实用技艺，特别重视学习做人的道理和人格的培养。尤其值得称颂的是，孔子对弟子态度温和可亲，言传身教并重，师生相处融洽，感情至深。

父母们，我们的孩子是很可爱的，也是很聪明的。但是，爱不等于教育，聪明也不等于不需要教育。如果忽视了教育或放弃了教育，即使聪明也会变得愚蠢的。在教育的过程中，要针对孩子的特点，寻求适当的方法，选择正确的培养目标。

见过一些年轻的父母，教孩子无所不学，又要画画，又要写作，又想学音乐，又想搞体育，今天参加这个学习班，明天参加那个启蒙班，到头来一无所成。要知道一个人的精力是有限的，一个人也不是在所有方面都有特长的。我们首先应该注意观察孩子，认识孩子，找到他们的个性特点和心理生理优势，选择有潜力的方向加以培养和发展。

孔子重视教育，同时也就重视学习。他认为，一个人要改善为人处世，提高品质修养，学，是唯一的途径。同时，学，又是提高知识水平的唯一途径。孔子一生诲人不倦、学而不厌，取得了重大的成就。

孔子教人学习什么知识？运用什么学习方法？应该以什么样的态度对待学习？应该树立什么样的学习目标？我们分别谈论一下。

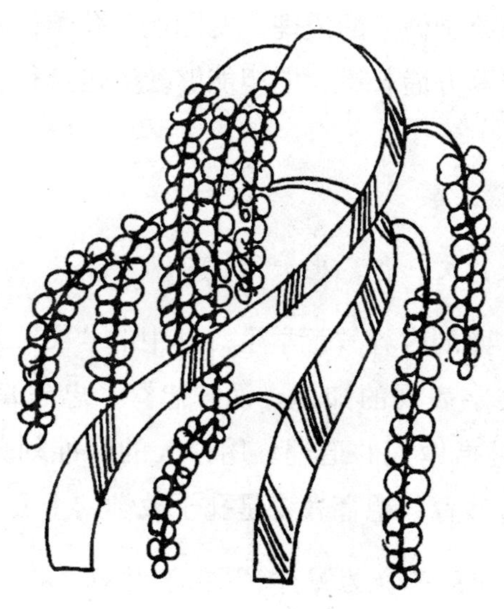

一、博学而无所成名

——孔子的教学内容

孔子非常重视学习。学习什么东西呢？孔子设教讲学，所教的内容非常广泛。通常所谓的礼、乐、射、御、书、数六艺，用现在的标准看，兼及政治、军事、文学、数学、音乐、体育、礼仪等科，从孔子要求弟子们学诗的内容看，还包括学习历史、地理、动物、植物等科。孔子还尤其注重教诲弟子做人的道理。实际上，孔子设教讲学，主要是从培养道德、提高修养方面着手，期望能够教诲出遵行礼仪、品德高尚的弟子。

《论语·述而篇》载：

子以四教：文、行、忠、信。

孔子以四个方面的内容教育学生。其中的“文”是指古代传下来的经典、书籍等用文字表现的知识，而“忠”（忠恕）、“行”（德行）、“信”（诚实）都是指做人的道理。用今天的标准划分，前者是智育教育，而后者是德育教育。德育教育是孔子教学的主要目的。

哀公问：“弟子孰为好学?”孔子对曰：“有颜回者好学：不迁怒，不贰过。不幸短命死矣！今也则亡，未闻好学者也。”（《论语·雍也篇》）

鲁哀公问孔子："你的弟子们谁是最好学的?"孔子回答说："有一个叫颜回的弟子最好学；他从不向别人身上发泄怨气，决不会犯第二次同样的错误。可惜是个短命人！现在再也没见到这样好学的了。"

子曰："敏于事而慎于言，就有道而正焉，可谓好学也已。"(《论语·学而篇》)

孔子说："一个人努力做应该做的事，说话谨慎，能够向有道德的人学习，改正自己的言行。这样，就可以说是好学了。"

这里，孔子所谓的"好学"，都是指一个人德行的修养。可见孔子多么重视德育教育。今天，我们的家庭教育和学校教育的目标是什么?德、智、体、美、劳五个方面。但实际上却大大偏重于智育，抓了文化知识，而忽视了其他四个方面，尤其放松了德育教育，而德育教育又大大偏重于政治思想教育，而忽视了道德情操的教育。这对我们的后代是不利的。

在家里，父母抓的是孩子的学习，目标是升学，在学校里，老师抓的是学生的分数，目标也是升学。而不顾把学生培养成一个什么样的人，以至许多学生"学优品不优"，难以适应社会的要求。

我们必须摆正德育和智育的关系，加强德育教育，像孔子那样对待这两者之间的关系。

子曰："弟子入则孝，出则弟，谨而信，泛爱众，而亲仁。行有余力，则以学文。"(《论语·学而篇》)

孔子说："作为一个学生，在家要孝顺父母，在外要尊敬兄长；说话做事要谨慎诚实；要广泛地爱众人，亲近有仁德的人。在做到这些的前提下，再用功学习书本知识。"

做一个人，首先要讲求德行，在这个前提下，学习文化知识，才能有益于社会。

关于德行方面应该学些什么、做些什么，在前面两章我们已经做了

介绍。这一章主要介绍书本知识的学习。

《论语·子罕篇》载：

> 达巷党[①]人曰："大哉孔子，博学而无所成名。"子闻之，谓门弟子曰："吾何执？执御乎？执射乎？吾执御矣。"

达巷党人说："孔子真伟大呀，精通各种知识和本领，而不能只算是某一方面的专家。"孔子听说了，对弟子道："我要专长于哪个方面呢？是驾车呢？还是射箭呢？我还是驾车吧！"

实际上，在孔子时代，驾车和射猎是为了满足生活需要而人人必须掌握的两种基本技能，或者可以说像现代人骑自行车一样。孔子在这里特别提出了这两种技艺，表现了孔子的谦虚，更重要的是孔子把这两种最基本的生活技能突出到了一个重要的地位，这也是孔子讲学的两方面的内容。由此可见孔子非常重视对基本技能的训练，首先培养弟子的自立能力。

今天，我们的孩子的自立和自理能力如何？特别是许多独生子女，从小在父母的"细心照顾"下长大，去上学了，还得由父母帮助把书包背在后背上，自理能力太差。现代社会是一个竞争性很强的社会，培养孩子的自理能力，掌握生活中的基本技能是必要的。

当然，如果遇到战争，驾车和射箭则是应付战争的两种最有利的手段，据传孔子身高力大，能拉硬弓。孔子驾车的技能也很好。当时诸侯之间的战争，主要以战车为主，射箭也是一种主要手段。从这个意义上讲，这两种技艺也是为了战争的需要。

孔子教授的六艺当中，礼，相当于今天的法，即国家的法律约束和社会道德规范。乐，指音乐，可以培养人的感情，陶冶人的情操，提高人的道德修养。这两方面都是做人的基本要求。书指书写，这是传播知识和学习知识的手段。数即计算，也是一种最基本的知识。

---

① 达巷：地名。党：区划名。

另外，《史记·孔子世家》的许多文字还表明，孔子对地理知识、动物知识都有所知，甚至对人类学的知识也有所述。这说明孔子的知识面很广，并且很重视自然科学知识的学习和应用。

有一种观点认为，西方之学是为学日益，东方之学是为道日损。西方之学多研究自然科学，学一点，得一点，越学越多。东方之学多研究伦理哲学，只注重某种做法在某方面不合乎圣人之道，必须减去，今日减，明日减，越学越少。这样，必然产生两种不同结果，西方研究自然科学，日积月累，造出了飞机大炮等进攻性武器，而东方则培养出了为国捐躯的君子和屈膝投降的小人。所以，近代中国是任人宰割的中国。而有些人把东方为道之学归咎于信奉孔子的结果。真是冤枉了孔老夫子。孔子教授的知识，多属自然科学的范围。并且，孔子重视做人与学习科学知识是不矛盾的。

子曰："工欲善其事，必先利其器。"（《论语·卫灵公篇》）

孔子说："要把一种物品制造好，必须先把制造这种物品的工具制造好。"

《史记·孔子世家》载：

子曰："赐，良农能稼，而不能为穑，良工能巧，而不能为顺。"

孔子说："端木赐呀，良农能种好田，而不能保证一定能收获，良工能制造很好的工具，而不能保证使用这种工具的人不学就会使用。"

以上两段文字说明，孔子也非常重视实用技术的学习、掌握和运用。

今天，我们的学校教育，偏重于书本知识的传授和学习，而轻视了学习和掌握实用技术，导致了书本知识好而实践技能差的不平衡状态。结果是，我们的学生从事社会生产实践的技能太差，不能适应社会的需要。

子曰："学而时习之，不亦说[①]乎？"（《论语·学而篇》）

孔子说："读了书本以后，还要实习，提高认识，这不是也很快乐吗？"可见，孔子非常注重实践活动。学习书本知识以后，通过实践，检验书本知识是否正确。比如，物理学和化学，都是实践性很强的学科。许多书本知识与我们的生活有着密切地联系。我们从书本上读到一些物理现象后，就可以在生活实践中做实验，加以验证，这既可以提高对所学知识的认识，又可以锻炼动手能力，提高实践技能。再如植物学，植物生长理论认为，植物经过太阳光照射，水分蒸发，若植物根部吸收水分不足，这个植物便会干死，因此必须保证根部有足够的水分。但是，如果水分过多，则会使植物呼吸道阻塞，会使植物闷死。这些知识在实践中都能得到反应。

孔子也很注重洞察社会，提高认识社会、适应社会的能力。而这种能力的提高，需要直接进入社会，体验社会生活。

《论语·先进篇》载：

子路使子羔为费宰。子曰："贼夫人之子。"子路曰："有民人焉，有社稷焉，何必读书，然后为学？"子曰："是故恶夫佞[②]者。"

子路让子羔去做费地的长官。孔子说："这是害人家的子弟。"子路反驳说："有老百姓需要管教，有社会事务需要管理，做这些事情都是学习。为什么一定要读书，只有读书才算是学习吗？"孔子没有争辩，说："真是个强词夺理的人。"是啊，孔子经常教导学生，一方面要读书本，另一方面要体察社会人情，学习解决各种具体问题的方法。子路以孔子平常教诲弟子的话来反驳孔子，孔子当然无话可说。

今天，我们的学校教育与社会实践相距甚远；学生只会读死书，死

---

① 说：同悦。

② 佞：音 nìng，花言巧语。

读书，读书为了考试，完全忽视了提高自己的认识社会和适应社会的能力，结果只有成为不谙世事的书呆子。当他们走向社会时，因为对社会缺乏认识，难以适应，又因为缺少一技之长，更难以立足于社会，何谈服务于社会呢？

我们当今的社会，是一个科学技术迅猛发展的社会，是一个知识爆炸的社会，又是一个竞争性很强的社会。所以要求我们一定要从多方面培养学生，德智体美劳全面教育，在智育教育中，更应该传授给学生广博的知识和技能，才能促进社会的发展。

二、好古，敏以求之

——孔子论学习态度

《论语·述而篇》载：

子曰："我非生而知之者，好古敏以求之者也。"

孔子说："我并不是一生下来就知道的，而是我喜欢古代留下来的书卷，努力学习得来的。"孔子并非"生而知之"，我们更需要努力学习了。对一个人来说，学习是一项艰苦的劳动，必须以主动的态度，自觉地学习，才能保证学习的效果。如果一个人本身不愿学习，只是在别人的强迫下不得已而为之，那他是学不好的。

要求一个人主动地学习，必须使这个人首先产生学习的兴趣。只有对学习产生了浓厚的兴趣，能够从学习中得到快乐，得到满足，得到益处，才会激发这个人自觉地学习。在学习的过程中，才会积极动脑，多想多问，以求掌握知识。

子曰："不曰'如之何、如之何'者，吾未'如之何'也已矣！"（《论语·卫灵公篇》）

孔子说："一个人不常问'怎么办、怎么办'，我也对他不知道'怎么办'了！"

多想多问，是好学的一种表现，也是学好的一个条件。如果在学习中不动脑，也就发现不了问题；发现了问题而不提出疑问，就解决不了问题，学习就不能进步。有些人读书，是全盘接受，而不能灵活运用，自然不会有什么问题。也有些人读书，是爱面子，总怕别人笑话他笨，所以遇到问题不能主动地提出。孔子尚能“不耻下问”，我们还惧怕什么呢？

一个积极求学的人，只怕自己学到的知识不够多，不够深，所以才拚命地学习。

子曰：“学如不及，犹恐失之！”（《论语·泰伯篇》）

孔子说：“一个人要勤奋好学，好像来不及似的，总怕遗漏下什么。”

是的，这才是勤奋好学的态度。学无止境，有多少知识等待着我们去学习啊！不管什么学科，不管从事什么工作，不管何时何地，总有我们学不完的知识。只有努力，总会有所学的。有所学就会有所得！

学习，同其他任何事情一样，必须努力，付出劳动，才会有所收获。只要我们努力，就会取得成绩。学如逆水行舟，不进则退。我们在学习过程中，常有这种经历，学期开始，立志苦读，每天都很勤奋，花费大量的时间用在学习上，到期中考试时，在班上的名次提前了。随后，也许是自己放松了，也许是由于种种原因的影响，用在学习上的时间少了，那么再到考试时，名次又落后了。看来，学习不努力是不行的。

子曰：“知之为知之，不知为不知，是知也。”（《论语·为政篇》）

孔子说：“知道的就说知道，不知道就说不知道，这才是真正的知道。”

孔子是一个谦虚好学的人，他也教诲弟子们谦虚。对待学习，一定要谦虚，要实事求是，如果不懂装懂，那就是自欺欺人。不但自己学无收获，而且影响个人的声誉。谦虚使人进步。因为谦虚者，勇于提出问题向人求教；能够得到别人的教诲，本来是不知道的东西知道了，本来是不明白的道理明白了，所以才会进步。

子曰："盖有不知而作之者；我无是也。多闻择其善者而从之；多见而识之；知之次也。"（《论语·述而篇》）

孔子说："似乎总有那么一些人，自己本来没有多少知识，却总装得很有知识似的。我可不是这样的人。多听多看，选择好的向人家学习，并记在心里，就差不多算是知道了。"

虚心地向别人学习，这是获得知识的一个途径。别人总有胜过自己的地方，总有比自己多知道的东西。如果把别人知道的都学来，不就知道得很多了吗？孔子尚且认为"三人行必有我师焉"，我们又有什么可骄傲的？

虚心向别人学习是重要的，同时，对自己的错误要及时加以改正，虚心地接受别人的批评也是重要的。

《论语·子罕篇》载：

子绝四。毋意，毋必，毋固，毋我。

孔子做学问有"四绝"：决不主观臆断，决不乱下结论，决不固执地坚持错误的结论，决不自以为是，否则都是不科学的、不正确的，对于一个做学问的人来说，是绝对不能不持这种态度的。

学习要努力，要谦虚，还必须坚持不懈，最终才能学有所成。

子曰："譬如为山：未成一篑，止；吾止也！譬如平地，虽覆一篑，进；吾往也。"（《论语·子罕篇》）

孔子说："学习好比是堆土成山：只差一筐土这山就造成了，可是这人却停止了，那也只好说他是到此为止了，没有成功。又好比在平地上堆土成山，虽然开始刚倒下第一筐土，但是这个人却立定志向、坚持不懈，那可以说他必将成功。"

要从小培养孩子努力、谦虚。矢志求学是极为重要的。一个人的品性是从小养成的，是不是能吃得苦、受得累，取决于幼年时的培养。有些父母尽心尽力地教育孩子成长，教导孩子学习，可又不忍心让孩子吃苦。当孩子遇到一点困难时，就要给予帮助。甚至，孩子在学习过程中遇到了难题，也不忍心让孩子动脑，担心孩子“累坏了脑子”。久而久之，孩子在学习、生活中，当遇到困难时，便不自觉地依赖于父母的帮助。如果得不到帮助，便停止不前了，甚至放弃了。这样，怎么能养成努力进取的习惯呢？不管是学习，还是干其他事业，都需要立常志、下决心、有恒心，才能有所成就。

有些父母做得很好。他们有意识地培养孩子独立完成某件事情的习惯，在此过程中如果遇到困难，不是急于帮助，而是启发孩子动脑思考，鼓励孩子想办法自己加以解决。或者，在此过程中，有意设置一些经过努力可以解决的困难，以达到磨炼孩子的意志的目的。当出现逃避困难或放弃艰难任务的情况时，及时加以引导，在不得已时才给予帮助。当孩子取得成功时，给予热情的赞扬，让孩子享受到靠自己的力量完成某件事情的乐趣。这样，才能培养出孩子的信心和毅力。

我们都熟悉达·芬奇画蛋的故事。达·芬奇学画，是从画鸡蛋开始的，设想一下，整天画鸡蛋会是什么情景，多么枯燥乏味。可是，达·芬奇却天天拿着鸡蛋，认真地照着画。一年，二年，三年……达·芬奇终于成为伟大的艺术家。如果没有毅力，浅尝辄止，是不会获得那样巨大的成功的。

三、学而不思则罔

——孔子论学习方法

一个人，不但要以积极的态度虚心学习，而且还必须掌握适当的学习方法。学习效果如何，直接取决于学习方法是否科学，是否恰当。所以，注重学习方法也是很重要的。

子曰："温故而知新，可以为师矣。"（《论语·为政篇》）

孔子说："经常复习已经学过的东西，并能从中得到新的体会，学到新的知识，也就可以做别人的老师了。"

这是孔子教诲弟子的最切实可行的学习方法。学习一点新知识，要经常复习才不至于忘记，如果随学随忘，是不会有知识的积累的。通过复习，不但可以牢固地掌握学过的知识，而且在复习的过程中，可能会有新的体会，新的发现，从中得到新的知识。因为各种知识都是相互联系的。一个定律可能包含着许多知识，也可能是另一个复杂的定律的基础。复习这一个定律，就可以回忆起许多有关知识，也可以为下一步的学习打好基础。在复习的基础上，不断学习，增加新知识，才能不断进步。

怎样才能达到复习的效果呢？关键在于学会思考。学习就是要动脑，不动脑思考，就失去了学习的意义。

子曰："予[1]欲无言。"子贡曰："子如不言，则小子何述焉？"子曰："天何言哉！四时行焉，百物生焉。天何言哉？"（《论语·阳货篇》）

孔子对弟子们说："我不想说话了！"子贡说："老师如果不说话了，那么我们学习什么呢？"孔子说："天曾说了什么吗？四时依序运行，万物皆生。天曾说过什么？"

如果没有老师，我们就不能学习了吗？不是的！只要我们学会观察与思考，我们就能学到新知识。其实，我们自己就是最好的老师。相反地，如果老师教一句，我们学一句，不能有所思，有所感，又会有多少收获呢？要善于观察，善于思考，从自己的感悟中获得对事物的新的认识，获得新的知识。

子曰："学而不思则罔[2]，思而不学则殆[3]。"（《论语·为政篇》）

孔子说："勤奋好学而不动脑思考，那还是罔然无知的；只是冥思苦想而不去虚心地求学，那也是只有疑难而得不到知识的。"

孔子明确地提出了"学"与"思"的关系。"学而不思"，靠博闻强识得到的知识，在脑海中可能是一团乱麻，无头无序。若"学有所思"，就可以把所学到的零乱的知识或片段的记忆整理清楚，用一根线贯穿起来，这样才能真正掌握这些知识。比如，学英语是很费劲的，要背好多东西，要记单词，记动词变化，记语法，等等，如果我们只是死记硬背，而不去用脑分析整理，找出其单词演化规律、语法变化规律等，我们就不能真正地掌握英语。即使背过了一本词典又有什么用呢？

当然，"思而不学"也是毫无益处的。我们现在所学的知识大多是

---

① 予：同吾。

② 罔：音 wǎng，欺骗，蒙蔽。

③ 殆：音 dài，危险。

前人留下来的，靠我们自己所“思”创造出来的是很少的，几乎是没有的，这种创造也是很难的。况且，这种创造必须以丰富的知识为基础，如果不“学”而只“思”，那将是徒劳无益。

有些人倒是有远大的志向，想当科学家，想成为发明家，可是又不愿好好地学习书本知识，上课不听，作业不做，整天盲目空想。结果只能是一事无成，白白浪费了大好时光。

还有些人，肯学肯思但不肯问，在学习过程中遇到了问题，百思不得其解，也不肯向人请教。结果妨碍了自己的进步。一个人不可能全知全解，总会有疑难，这就要向别人学习，求得解答。

孔子所谓的“思”，还包含了“自我反省”的意义。在学习的过程中，一定要谦虚，有错必改。要经常反省自己，对所学的知识是不是全部理解了，对自己所犯的错误是不是彻底改正了。要经常检查自己的学习态度是否正确，学习方法是否得当，学习效果如何。这些也是促进学习不断进步的因素。

学有所思还意味着，对所学的知识不能一味接受，盲目崇拜。孔子的弟子颜回，谦虚好学，深得孔子喜爱。但也有一个严重的缺点，就是不善于独立思考，不提任何意见。孔子对他这一点很不满意。

子曰：“回也，非助我者也；于吾言无所不说[①]。”

孔子说：“颜回，不是帮助我的人，他对我的话从来没有不喜欢的。”

这种学习态度，不但老师得不到帮助，自己的才智也不能得到发挥。因此，这种近乎盲从的学习方法也是不可取的。

当然，“学有所思”并不意味着胡思乱想。对所学知识既不能一味接受，也不能随便怀疑。有些人或许是想推翻别人的结论，或许是想证实自己的见解，便挖空心思地寻找一些不切实际的想法加以验证。这种

① 说：同悦。

主观臆断，对他人无益，对自己也是有害的。

比如，一道数学题，只有两种解题方法，并且已经找到了。如果你凭想像认为还有第三种方法，或者为了证明自己的聪明，在这第三种方法上死下功夫，只会越陷越深，而不会得到什么结果的。

> 子曰："攻乎异端，斯害也已。"（《论语·为政篇》）

孔子说："一心钻研异端邪说，是祸害啊！"

我们且看孔子认为自己是怎样学习的。

《论语·卫灵公篇》载：

> 子曰："赐也，女[1]以予为多学而识之者与?"对曰："然！非与?"曰："非也！予一以贯之。"

孔子说："端木赐呀，你以为我学习只是多闻多见而把所得到的东西都牢记在心里吗?"端木赐回答说："是啊！难道不是这样吗?"孔子对他说："我的学习，并不只是靠博闻强记，只是动脑找出一个规律用以贯穿所学到的知识。"

《史记·孔子世家》载：

> 孔子学琴师襄子，十日不进。师襄子曰："可以益矣。"孔子曰："丘已习曲也，未得其数也。"有间[2]，"已习其数，可以益矣。"孔子曰："丘未得志也"。有间，"已习其志，可以益矣。"孔子曰："丘未得其为人也。"有间，有所穆[3]然深思焉，有所怡然高望而远志焉，曰："丘得其为人也！黯然而黑，

---

① 女：同汝。

② 有间：隔了一段时间。

③ 穆：恭敬的样子。

几[①]者而长，眼如望羊[②]，如王[③]四国。非文王其孰能如此也。”

师襄子避席[④]再拜曰：“师盖[⑤]文王操也。”

这一段是讲了这样一个故事：

孔子向师襄子学琴。十天了，没有增加新内容。师襄子说：“可以加了”。孔子却说：“我已能记住这个曲子了，但还没有掌握这个曲调的长短高低。”过了几天，师襄子又说：“你已经掌握了曲调的长短高低了，可以增加新内容了。”孔子说：“我还没有悟得作曲人的志向心愿呢。”又过了几天，师襄子说：“你已得到作曲人的志向了吧，可以加内容了。”孔子却又说：“我还没有领会到作者的为人呢。”又过了几天，孔子静穆深思，高瞻远瞩，激动地说：“我终于体会到作者的为人了。这个人面色微黑，身躯稍高，胸襟广阔，志向远大，眼呈慈祥，意欲统一四方。除非是周文王，谁还能是这样呢？”师襄子离席起身，表现出很敬慕的样子，说：“我老师告诉我说，这个曲子叫《文王操》啊！”

可见，孔子学习严肃认真，一丝不苟。对待所学的知识，一定彻底理解，完全弄懂弄通，才肯罢休。有些人对学习则不是这样，对所学的知识略知一二，便认为是会了，不能学深学透。这种不求甚解的学习，表面上学到了知识，而实际上学到的知识是很少的。

《论语·述而篇》载：

子在齐闻韶，三月不知肉味。曰：“不图为乐之至于斯也。”

这一段也是讲了一个故事。

孔子在齐国都城，曾应齐景公之邀，一起欣赏乐师演奏古乐曲

① 几：稍微。
② 望羊：慈祥的目光。
③ 王：统治。
④ 避席：臀部离开座位，以示恭敬。
⑤ 盖：大概。

《韶》。那乐师气质高雅，身手不凡。琴声悠扬奔放，欢快明畅，充分表达了意境。美好的琴声，使孔子听得入迷了，陶醉了。自此，孔子天天练琴，演奏《韶》乐，竟到了睡觉不宁、饮食不香的地步。就这样日复一日地练，竟然好长时间连肉味都分辨不出了。于是，他深情地感叹道："想不到音乐会有这么大的魅力，能使人达到这种境界。"

可见，孔子学习专心致志，废寝忘食。从事任何事情，都需要全身心地投入，学习也是一样。如果身在浮云，心不在焉，是不可能学好的。《论语·述而篇》载：

子与人歌而善，必使反之，而后和之。

意思是：孔子与人一起唱歌，如果感到别人唱得好，一定请那人再唱几遍，然后跟那人和唱。这就意味着，先向别人学习，这个学习的过程，就是理解的过程，加深领会的过程，把歌中所表达的思想感情转变为自己的思想感情，才算是真正学会了这首歌。然后再唱，才能更动听，更感人。

《论语·公冶长篇》载：

子谓子贡曰："女与回也孰愈?"对曰："赐也何敢望回，回也闻一以知十，赐也闻一以知二。"子曰："弗如也，吾与女弗如也。"

孔子对子贡说："你与颜回相比谁学得好?"子贡回答说："我怎敢比颜回，颜回闻一能知十，我闻一只能知二。"孔子说："你不如他，我也认为你不如他。"

子曰："不愤①不启；不悱②不发；举一隅③，不以三隅反，

① 愤：心有所动。
② 悱：欲言而还未言。
③ 隅：角。

则不复也。”（《论语·述而篇》）

孔子说：“他心中不动，不要启发他；他不到心中欲言而未言时，不要开导他；给他讲一个角，他不能联系到三个角，那就不再教他新课了。”这说明，孔子讲学不只是要求学生学一句懂一句，学一点懂一点。要能够“一以知二”，甚至“一以知十”。这就是所谓“举一反三”的学习方法。学到一种知识，就要把这种知识上升到一个原则性或者规律性的高度去认识，从中可以悟得许多知识。比如，学习历史，当学到秦朝末年的农民起义时，就要联想到以后各朝末年的农民起义。从中可以得出规律，各朝末年，统治阶级腐朽，阶级矛盾尖锐，不可避免地总要发生农民起义。由这一规律贯穿，就可以比较容易认识和理解各次农民起义问题。

四、士志于道，死而后已

——孔子论学习目的

《论语·里仁篇》载：

子曰："士志于道，而耻[①]恶衣恶食者，未足与议也。"

孔子说："读书人的志向在于追求真理，而那些以穿破旧衣服、吃粗劣食物为耻辱的人，不值得与他们谈论真理。"

《论语·泰伯篇》载：

子曰："士不可以不弘[②]毅，任重而道远。仁以为己任，不亦重乎？死而后已[③]，不亦远乎？"

孔子说："读书人不可以心胸不宽广和意志不坚强，因为任务重大而道路遥远。以实现仁德为自己的使命，难道不重大吗？奋斗到死为止，难道不遥远吗？"

孔子所谓的"道"，是指人生哲学、社会理想和政治主张的精髓。"恶衣恶食"是粗劣的衣食，也不是绝对的粗劣，只是相对富人比较不如人家的精美。孔子认为，一个如果认为衣食比不上别人而自以为羞耻

---

① 耻：以……为耻辱。

② 弘：广大。

③ 已：停止。

的人，是一种什么样的人生观呢！那么，社会理想和政治主张，都没法跟他讨论，也不能跟他讨论的。

可见孔子矢志求学，并非为追求富贵，出人头地。孔子也以此要求弟子“与其奢也宁俭”。当然，不追求富贵，并不意味着排斥富贵。

子曰：“富而可求也，虽执鞭之士，吾亦为之；如不可求，从[①]吾所好。”（《论语·述而篇》）

孔子说：“如果富贵是可以求的，那就算是赶车的差我也做：如果是不可求的，那我还是依从我自已喜欢的。”

子曰：“不义而富且贵，于我如浮云。”（《论语·述而篇》）

孔子说：“不应当得的富贵，对我来说就像天上的云彩。”

孔子视富贵如浮云，不以饱食丰衣为人生目标，而矢志求道。“朝闻道，夕死可矣。”而一个人如果饱食终日，无所追求，生命又有什么意义呢?”“君子忧道不忧贫。”（《论语·卫灵公篇》）

子曰：“饱食终日，无所用心，难矣哉。”（《论语·阳货篇》）

孔子说：“整天吃饭，不用一点心思，这种人很难有什么作为啊!”

孔子的人生哲学，简单地讲就是“爱人”。人爱人，爱每一个人。孔子教弟子们读诗习礼，就是教弟子们爱人让人助人，循礼而行，成为一个仁人。要求弟子修身养性，培养好的品行，好的情操，达到人生的最高境界。这是孔子及其弟子求学的主要目标。要实现这一目标，学也是唯一的途径。

当今之教育，却忽视了做人的教育。人，应该怎样做为，怎样为人，怎样立身于世而服务于社会？从我们的家庭教育、学校教育乃至社

① 从：依顺。

会教育中，能够找到的正确答案实在太少了。家庭中，父母除了要求子女用心学习之外，就是告诫子女“不要吃亏”，“不要被别人骗了”之类的说教。这样怎么能培养孩子的爱心呢？

在学校里，老师要求学生们除了认真听讲、完成作业之外，就是“不要打架”，“不要损坏公共财物”等训诫，因为此类事常有发生。同学之间因为“桌面分配不均”而打斗，或者有人随意损坏学校的东西。这些现象都是因缺乏教育所致。

孩子们从社会上又能学到什么呢？世风日下，我们的孩子们身处其中，身受其害。

当然，我们无意否定当今之教育，可是此类现象确实令人不安。用一个简单的比喻，也许更能表达此种心境：一锅稀饭，落进了一只苍蝇，虽然只有一只苍蝇，可是我们心理上却太不平衡了，因为我们对“卫生”的要求非常重视，而对一只苍蝇的“不卫生”感又过于强烈。

孔子非常重视培养弟子们的德行，甚至只有品行好的弟子，才会被他推荐从政为官。当然，孔子及其弟子为官，也不是单纯为了做官，而是为了实现他们的社会理想，他们在为官期间，也是循孔子的政治主张而行的。并且，也是以爱人、爱护人民为做官的根本。

当然，报效国家，造福于民，乃孔子及其弟子们的夙愿，他们也都为国为民做出了自己的贡献。

孔子在鲁国时，曾任中都邑邑宰。他以自己的礼治思想教化黎民，让他们孝敬父母，忠诚待人，男耕女织，买卖公平，使得原来秩序混乱的中都一年得治。孔子还注重兴修水利，改良农田，使农业获得丰收，农民生活有了保障。

后来，鲁定公委任孔子为大司寇，专掌剿匪灭贼、执法判刑的事情。孔子重视教育，依礼治民，明德慎罚，同时制定法规，严明法纪，使鲁国社会稳定，人民安居乐业。

孔子还辅佐鲁定公与齐国会盟，维护了当时处弱的鲁国的利益。

孔子的众多弟子也为国家效了力。

端木赐，字子贡，能言善辩。他曾出使吴国，为鲁国免去了进贡之礼；出使齐国，为鲁国追回失地；又出使吴国，说服吴王联鲁抗齐，保护了鲁国的利益，使人民免遭战乱之苦。

> 子曰："诵诗三百，授之以政，不达；使于四方，不能专[①]对。虽多，亦奚以为！"（《论语·子路篇》）

孔子说："读诗三百首，把政事交给他，却做不通；派他出使国外，又不能单独应付；学得即使再多，又有什么作用呢？"

可见，培养对国家有用的人才，也是孔子设教讲学的目的之一。

弟子有若（字子有），文武兼备，善于军事，曾率鲁军抵御齐国和吴国的进犯，取得胜利，维护了鲁国的统一。

还有一些弟子做过地方官，爱民如子，治理有方，造福于民。

孔子设教讲学是为国家培养有用之才。要教育后代爱国爱民，立志报效国家，造福人类。这就需要树立"为国教子"观念，在教育子女做人的基础上，培养子女的爱国心和事业感，使他们能够成长为有益于国家、有益于人民的人，为人类的进步而献身。

---

① 专：单独。

后　记

亲爱的读者，当你读完这本书的时候，我们还想与你交谈几句。

毛泽东同志曾指出，对待任何事物都应该一分为二。我们对孔子的教育思想也应该像对待他的其他思想主张一样，持一分为二的态度，既取其精华，为我所用，又要去其糟粕，不能全盘接受。

对你刚读完的这本书，也应一分为二。由于我们水平所限，书中难免有错，恳请指正。

另外，我们在本书的写作过程中，参考了许多介绍孔子生平、思想和言论的著述和注释资料，由于量大，就不一一列出了。在此，让我们一起向原作者致谢。

作　者